MYNAVI
BUNKO

増補新版

魂を浄化する ソウル・セラピー

不安や迷いのない人生を手に入れる

上田佳穂 著

マイナビ

はじめに

本当の自分が何を考え、どう感じているのか、知りたいと思いませんか？

わたしたちは、人生のさまざまな場面で選択をしながら生きています。頭に浮かぶいろいろな考えの中から、「これだ！」と確信したり、「まあ、これでいいか」と自分を納得させたりして選んだものの積み重ねが、今の自分をつくっているともいえます。

自分で選んだわけですから、「自分の考え」に基づいて判断しているはずだとあなたは思っているかもしれません。

でも、実際はそうでないことが多いのです。

では、いったい何に基づいて判断しているかというと、親や恋人や友だちや職場の同僚など、身近な人の考えということもあれば、前世の自分の考えということもあります。さらには、前世の誰かの考えということもあります。

それらのさまざまな考えが、「今の自分の考え」として浮かび上がってくるのです。

はじめてこのことを知ったとき、わたしはとてもびっくりしました。

「自分で考えていると思っていたのに、人（前世の自分も含めて）の考えだったなんて！」と。

ですから、本当の自分が何を考え、どう感じているのかを知るには、自分のものではない考えや感情を、せっせと外していく必要があるのです。

そうやって、いろいろな考えや感情を外していくと、本当の自分に出会えます。その本当の自分こそ、魂なのです。

わたしが行っているソウル・セラピーは、魂の覆いを外していくことで、魂を感じて生きられるように導くセラピーです。

魂の覆いを外し、浄化することで、トラウマを癒したり、ストレスを解消したり、人間関係のトラブルを解消したり、体調を整えることができます。

魂の浄化が進んでいくと、魂の導きを自分で感じ取ることができるようになります。

すると、不安や孤独感に襲われることが極端に減り、日々をイキイキと過ごせるようになっていくのです。

この本では、魂を浄化するコツ、そして魂の導きを感じられるコツを皆さんにお伝えしていきます。

これらを実践し続けることで、皆さんが魂の導きを得て、魂と共に人生を歩めるようになることを心から願っています。

魂を浄化する ソウル・セラピー 目次

はじめに……2

第1章 魂を浄化すると本当のあなたに出会える

魂を感じながら生きていますか？……18
魂はいつもあなたを見守っている
光り輝く魂はあなたの本当の姿

魂は何度も生まれ変わっている……21
あなたの魂は神様の分身
魂は人間に生まれ変わることで成長する

魂は神様とつながっている……………24
魂と神様をつなぐ「光のパイプ」
神様の光とつながるタイミングは人それぞれ
魂を覆っているものの正体とは？……………27
次々と生み出される想念
ネガティブな「想い」は魂の負担になる
心と体の不調は魂からのサイン……………31
魂からのサインをキャッチしよう
「想い」を溶かすと不調が改善される

第2章　魂に愛と光を入れる　ソウル・セラピー

ソウル・セラピーで行っていること……36
セラピストの体が「想い」を受け取る
「想い」を溶かして光にかえす
自分で魂を浄化するにはどうすればいい？……39
自分の「想い」を感じてみよう
「想い」を溶かして光にかえそう
STEP1　「愛しています」で「想い」を溶かす……42
ほとんどの「想い」は「愛しています」で溶ける
気持ちを込めるときのコツ
愛を入れることを習慣にしよう

STEP2　「ごめんなさい」で怒りや悲しみを溶かす……49
なかなか溶けてくれない「想い」の正体
前世で接した人の「怒り」や「悲しみ」も出てくる
痛みを引き起こす「想い」にも「ごめんなさい」
STEP3　「ありがとう」で感謝とねぎらいを……54
がんばっている自分に「ありがとう」
まわりの人のがんばりにも「ありがとう」
STEP4　「許します」で他人や自分を許す……59
「許さない！」は自分自身を苦しめる
許すことで自分を解放する
許すまでの浄化ステップ
自分自身を許せないときは

STEP5　心に愛と光を入れる……70
心に愛を入れる
心に光を入れる
STEP6　魂に愛と光を入れる……74
魂に愛を入れる
魂に光を入れる

第3章　魂を浄化するために知っておきたいこと

まずは「魂を浄化する！」と決意する……80
魂の浄化は「地道に」「根気良く」
あなたの決意が浄化の決め手

前世の「想い」と今生の「想い」を区別する……83
前世の「想い」が今の自分をつくり出す
前世の「想い」と距離を置く
魂が喜ぶ「我慢」と苦しむ「我慢」を見わける……86
「我慢」にも種類がある
客観的な視点を持つことが大切
自分が嫌いだと「想い」が溶けにくくなる……89
自分に「愛しています」が言えますか？
自分を丸ごと否定しない
自分という存在に大きな○をつける
祈りで「想い」を溶かす瞬間……95
「愛しています」で「想い」がゆるむ
祈ることで一気に「想い」が溶ける

人間関係の苦しみを解消するために……98
縁のある人とは前世でも関係していたことが多い
「正のカルマ」と「負のカルマ」
カルマを解消する方法
毎日のケアを積み重ねることが大切……103
魂の浄化を毎日続けて「光のパイプ」を太くしよう
毎日続ければ必ず変化がある

第4章　魂の浄化であなたの悩みが解決する

将来が不安で仕方ない……108
「迷い」や「不安」は魂に負担をかける

肩凝りと首の痛みがつらい……112
「怒り」は心も体も痛めつける
体調がいつも悪い……115
霊的に敏感な人は体調を崩しやすい
うつ病がなかなか良くならない……118
自分を責める気持ちは心を打ちのめす
人が怖い……124
人に与えた「想い」はいつか自分に返ってくる
心の傷を癒したい……128
トラウマは乗り越えられる
マイナス思考を何とかしたい……133
直したいのに直らない癖には理由がある
上司と折り合いが悪い……138

カルマを解消して職場の人間関係を改善する
母親とうまくいかない……141
カルマを解消して親子関係を改善する
夫婦仲が良くない……150
カルマを解消して夫婦関係を改善する
馬が合わない人がいる……157
魂は苦手な人を引き寄せる
愛する人を亡くした悲しみから立ち直れない……161
残された人が悲しんでいると魂は旅立てない
ソウル・セラピー番外編……166
なぜか応援してくれる人がいる［正のカルマの働き］
インスピレーションがわいてくる［神我の芽生え］

第5章　魂を輝かせながら生きるために

魂の状態をチェックする……172
自分を責めない……177
すべては神様の導きだと考える……180
自分を守ろうとしない……182
ありのままの自分を隠さない……184
自分を大切にする……186
物事をコントロールしようとしない……188
「心配」を「祈り」に変える……192
思い悩まない……195
自分に投げかける言葉を変える……198
「当たり前」を少なくして「ありがとう」を増やす……201

機が熟すのを待つ……204
想像の世界と現実を区別する……206
自分を見つめる……208
今までの人生に対する見方を変える……210
自分をほめる……212
失敗を恐れない……214
自分が変わればまわりも変わる……217
どんな自分も受け入れる……220
もっと楽しむ……223
おわりに……225
新版化に寄せて……228

第1章

魂を浄化すると本当のあなたに出会える

魂を感じながら生きていますか？

魂はいつもあなたを見守っている

魂は、生まれてから今までずっと、あなたの中にあり、成長を見守り、導いてくれています。あなたがどんな境遇にいるときも共にいて、励まし、力づけてくれています。

でも、自分を見守り、導いてくれている魂があるということを実感しながら生きている人は、そう多くはありません。

訳もなく孤独を感じたり、不安でいっぱいになったり、苦しくなったり、悲しくなったりすることがありませんか？　それは、あなたの源である魂を無視しているからでもあるのです。

本来なら魂に導かれて歩めるはずなのに、魂がいろいろなものに覆われてしまっているがために、どこへ向かえばいいのかわからなくなってしまっているのです。

光り輝く魂はあなたの本当の姿

魂は、キラキラと光り輝いています。光り輝く魂は、あなたの本当の姿です。でも、魂を感じることができないと、他人の恵まれた環境や資質と比較して、自分に不満を感じてしまいます。

「もっと美人に生まれたかった」とか「スタイルさえ良ければ」とか「もっと運動神経が良かったら」と体のことで悩んだり、「もっと人に好かれる性格だったら」とか「もっと決断力があれば」と心のことで悩み、ありのままの自分を受け入れることができずに苦しんでしまうのです。

魂のまわりに付着した覆いを外して、魂を感じられるようになると、「魂はずっとわたしの中にいて見守ってくれていたんだな」と思えるようになります。そうすると、今までの人生を「ああ、これで良かったんだ」と受け入れることができるようになります。

苦しかったり、つらかった気持ちが癒されて、とても楽になります。将来のことを考えて不安になっても、「きっと何とかなるだろう」「大丈夫」と思えるようになってきます。

魂に触れることで、はじめて本当の自分の姿を知ることができます。

そして、この世に生まれた意味を知り、魂の求めにしたがって生きることができるようになるのです。

魂は何度も生まれ変わっている

あなたの魂は神様の分身

魂は、神様からわかれたものだといわれています。

つまり、あなたの魂も、昔々は神そのものだったのです（ここでいう「神様」は、特定の宗教の神ではなくて、宇宙全体をつくった源のことです）。

神様と一体だった魂は、自由を求めて神様から離れたといわれています。

ところが、神様のもとを離れてはじめて、自らつらい道を選んだことがわかり、何度も生まれ変わりながら、神様のもとに戻ることを目指しているのです。

ですから、わたしたちは、今の人生（今生《こんじょう》）の前に、たくさんの人生（前世）を送っています。そして、今の人生が終わっても、すべてが「無」になるわけではないのです。

そのときがくると、魂は肉体から離れます。でも、その後もずっと存在し続けます。目に見える肉体がなくなっても、目に見えない魂は残るのです。

魂は人間に生まれ変わることで成長する

この世の人生を終えた魂は、物質の世界から霊の世界へ移ります。

ところが、霊の世界は、互いに同じ光を持つ魂が集うため、地上のように揉まれることで成長するということが起こりにくく、神様のもとへ戻るまでに、それはそれは長い時間がかかります。

そのため、魂はまた人間となってこの世に生まれ、たくさん学んで成長する道を選ぶのです。

その際、魂は自らを成長させるために最適な環境を探します。そして、「今回の人生はこれで行こう！」と選んだのが、あなたなのです。

あなたにとっては、いろいろ言いたいことのある人生かもしれませんが、魂にとっては最高の環境なのです。

あなたは、あなたの魂にとって唯一無二の貴重な存在です。どうかそれを忘れないでくださいね。

貴重な人生を、魂と仲良く二人三脚で歩んでいきましょう。

魂は神様とつながっている

魂と神様をつなぐ「光のパイプ」

わたしたちの魂は、神様から離れて修業中ですが、根底の部分では神様とつながっています。目に見えないパイプのようなもので神様とつながっているのです。ただ普段の生活では、あまりそれを実感できません。

この魂と神様とをつなぐパイプを、わたしは「光のパイプ」と呼んでいます。「光のパイプ」は、魂のことや神様のことをまったく考えないで過ごしていると、さまざまな考えや感情で詰まってしまいます。実は、「光のパイプ」が詰まっている人がとても多いのです。

ですから、ソウル・セラピーは、「光のパイプ」のお掃除をしているともいえます。ソウル・セラピストは、いわば煙突掃除屋なのです。

神様の光とつながるタイミングは人それぞれ

魂にたっぷり愛を注ぐと、「光のパイプ」に詰まっているものが溶け出して、パイプがつながっている先の神様の光に向かって出て行きます。

すると、パイプの詰まりが取れて、スーッとクモの糸のように細長い光が通るようになります。

クモの糸のように細い光なので、すぐに途切れてしまうこともありますが、愛をかけ続けて詰まりを溶かしていくと、「光のパイプ」は次第に太く、しっかりとしてきます。

「光のパイプ」がクモの糸の状態のときに、「あ～、本当に光とつながっている！」と感じる人もいますし、しっかりと太いパイプになってからようやく「つながっているかもしれない」と感じる人もいます。

神様の光とつながっていると感じるタイミングは人それぞれですが、その人にとってちょうど良いタイミングでやってきます。

自分の魂を感じ、魂が神様の光とつながっていると感じると、魂の導きにしたがって人生を歩むことができるようになるのです。

魂を覆っているものの正体とは？

次々と生み出される想念

「光のパイプ」が詰まったり、魂が覆われていると、気持ちが不安定になったり、体の調子が悪くなったりすることがあります。

では、魂を覆っているものとは、いったい何なのでしょうか？

わたしたちは四六時中いろいろなことを感じたり、考えたりしていますよね。

「あ～、忙しい」

「大変だ！　仕事が終わらない！　何とかしないと！」

「お腹すいた。ランチは何を食べよう？」

「明日は何を着ようかな？　もう着る服がないよ」

「どうしてあの人はあんなことを平気で言えるの？　嫌だなぁ」

「あのとき、ああしておけば良かった。ああ、どうしてちゃんとしておかなかったんだろう？」

次から次へと、本当にたくさんの想念を生み出しています。

ネガティブな「想い」は魂の負担になる

その中でも、魂にとって負担が大きいのがネガティブな想念です。

「悲しい」「悔しい」「寂しい」とか、「許せない」「うらやましい」「怖い」「憎い」といった感情がそうです。

「わたしはダメだ」と自分を卑下したり、「わたしが幸せになれないのはあの人のせいだ」と被害者意識を持ったり、「わたしは特別だ」と傲慢になってしまうのも、魂にとっては負担です。

「疲れたなぁ」「我慢しなくちゃ」「忙しい」という不平、不満、悪口、文句などもそうです。

これらのネガティブな想念を、ソウル・セラピーでは「想い」と呼んでいます。この「想い」が魂のまわりを覆って、がんじがらめにしてしまうのです。

「はじめに」でもお伝えしましたが、魂を覆っている「想い」の中には、自分のものだけでなく、他人のものもあります。家族や恋人や同僚のように関係の深い人の「想い」や、関係があまり深くない人の「想い」でも、自分の「想い」と似ていると、まるで磁石のように引き寄せます。さらに、前世での「想い」も魂のまわりに重なっています。

こうした「想い」が、魂のまわりに重ねられるうちにこびりつき、いつの間にかコンクリートで塗り固めた壁のように魂を覆ってしまったのです。

もちろん、こういったネガティブな「想い」とは反対に、わたしたちは「うれしい」とか、「ありがたい」とか、「幸せ」と思うこともありますよね。

これらのポジティブな想念は、明るく軽くて無色透明なので、魂の負担にはなりません。

魂の負担になる「想い」を溶かしていくことで、日々の生活にも変化が出てきます。

そして、「想い」を溶かすことと同じくらい大切なのが、新しいネガティブな「想い」を生み出さないようにすることです。

そのためには、ネガティブな想念を生み出してしまう心そのものを成長させることが大切です。

心と体の不調は魂からのサイン

魂からのサインをキャッチしよう

わたしたちの心と体は、魂からの影響を受けています。

魂が光り輝いていると、心も体もすっきりとしています。ところが、魂のまわりをたくさんの「想い」が覆っていると、魂の導きを得られないので、心や体が病気になったり、トラブルが続いたりすることがあるのです。

病気やトラブルが続くときは、あなたの魂から「魂を無視していますよ！」というサインが出ているのかもしれません。

サインが出ているとき、魂は「想い」を外してほしくて、「今のままでは外れませんよ！　気づいてください！」と叫んでいます。

「これは魂からのサインかもしれない」。そう感じたときは、心を静かに落ちつけて、「いったい何に気づけばいいの？」「何を変えればいいの？」「このつらい状況にどう向き合えばいいんだろう？」と自分の心や日頃の行動を見つめてみてください。


まわりの人に文句ばかり言っていて、感謝することを忘れている？

仕事に夢中になって残業ばかり。体を無視して働きすぎている？

グサッと傷つくことを言った相手を許せていない？


思い当たることがいくつもあるかもしれませんね。

「もっとみんなに感謝しよう」

「体を休めよう」

「もう許そうかな」

そう気づいて考えを変えたり、行動を修正することで、「想い」を生み出している心そのものが成長します。

すると、魂の負担になる「想い」を生み出すことが減っていくのです。

「想い」を溶かすと不調が改善される

心の成長と同時に必要なのは、それまでに生み出してしまった「想い」のお掃除です。「想い」は、溶かさない限り、いつまでも心に残ってしまうからです。

次の章で具体的な方法についてお伝えしますが、ネガティブな「想い」に気持ちを込めて「愛しています」と言うと、その「想い」を溶かすことができるのです。すると、魂が輝き出し、心と体の不調も改善されます。

では、心や体のトラブルから目を背けたままでいると、どうなると思いますか？

心や体のトラブルは、魂の「魂を無視しないでほしい！」「『想い』を外してほしい！」という叫びです。目の前のトラブルに目をつぶっても、あなたの魂は、また別のサインをあなたに送ります。

「想い」を溶かして、心も体も健康になりましょう。

第2章

魂に愛と光を入れる
ソウル・セラピー

ソウル・セラピーで行っていること

セラピストの体が「想い」を受け取る

ソウル・セラピーでは、「想い」を溶かして光にかえし、心と魂に愛と光を入れることで「魂の浄化」をしています。

実際にどのように進めているのかをご紹介しましょう。

ソウル・セラピーでは、クライアントさんの「想い」をセラピストの体を通して浄化します。

まず、クライアントさんの「想い」をセラピストが受け取ります。

どうやって受け取るのかというと、「想い」に向かって「愛しています」「愛しています」と言って愛をかけたり、「こちらにおいで」と呼びかけるのです。すると、クライアントさんの体で「想い」が滞っている場所から、セラピストの体へ「想い」がふっと流れ込んできます。

「想い」が一番滞りやすい場所は胸です。想念を生み出す心には、いろいろな「想い」がたまりやすいのです。

あれこれ悩みやすい人は、頭にたまりやすいですし、仕事で重圧を感じている人は、肩にずっしりと「想い」が載っています。けがをしているところや古傷など、体の弱いところにもたまりやすくなります。

「想い」を溶かして光にかえす

そうやって受け取った「想い」が何と言っているのかを本人にお伝えして、自分がどんなネガティブな感情を抱きやすいのか、どんなことを悩みやすいのかを知ってもらい、今後の成長の糧にしていただきます。そして、受け取った「想い」に「愛しているよ」「愛しています」と言って愛をかけ続けます。「想い」がだんだん溶けてくると、カチカチに固まっていた体の凝りがほぐれて楽になったり、視界が明るくなったり、心が軽くなったりします。そして、溶けた「想い」は、「光のパイプ」を通って、光へとかえっていきます。「想い」を受け取って、溶かして、光にかえす。

これをひたすら繰り返して、魂のまわりを覆っている「想い」を浄化します。するど、それまで支配していたネガティブな感情や文句や悩みが減り、本来の魂の輝きがもたらされるのです。

自分で魂を浄化するにはどうすればいい？

自分の「想い」を感じてみよう

自分で魂を浄化するときも、「『想い』を受け取って、溶かして、光にかえす」というのは同じです。

「『想い』を受け取る」を「『想い』を感じる」に替えて、「『想い』を感じて、溶かして、光にかえす」というプロセスを繰り返します。

まず、あなたの中にどんな「想い」があるのかを感じてみましょう。

イライラしているのを感じますか？

不安や心配を感じますか？

それとも、「疲れたなぁ」という疲労感を感じるでしょうか？

「想い」を溶かして光にかえそう

次に、感じたあなたの「想い」に愛をかけて溶かし、光にかえします。

はじめのうちは、心や魂を意識しやすいように、胸に手を当ててください。

そして、手のひらが当たっている胸の奥に心や魂があるとイメージします。

そこに向かって、「愛しています」「愛しています」と何度か繰り返し言ってみましょう。


「愛しています」「愛しています」「愛しています」「愛しています」……。

どうですか？　言えましたか？　それとも言いづらいですか？

「愛しています」は、あまり使わない言葉でしょうから、違和感を覚えるかもしれません。でも、そのうち慣れますので、魂を輝かせるためだと思って続けてみてください。

しばらく愛をかけたら、「想い」に「光にかえろう」と声をかけます。すると、「想い」が「光のパイプ」を通って光にかえっていきます。

こうしてひとつの「想い」の浄化が終わります。

「愛が入っているかわからない」「光にかえせたかどうかわからない」と心配に思うかもしれません。

それでも毎日続けてみてください。そのうち、ザワザワしていた心が静かで穏やかになっていることに気づくと思います。

それは、あなたの「想い」がちゃんと溶けて、光にかえったという証なのです。

STEP 1

「愛しています」で「想い」を溶かす

ほとんどの「想い」は「愛しています」で溶ける

「想い」の溶かし方について、もう少し詳しく段階を踏んで見ていきましょう。

心や魂から浮かび上がってきた「想い」を溶かすには、「愛しています」「愛しています」とたくさんの愛を注ぐことがとても大切です。

浮かび上がってくる「想い」は、「苦しい」だったり、「つらい」だったり、「寂しい」だったり、「面倒くさい」「嫌だ」「疲れた」「もうダメだ」「バカじゃない？」「我慢しなくちゃ」「傷ついた」など、本当にさまざまです。

「想い」はさまざまでも、ありがたいことに、たいていの「想い」は「愛しています」で溶かすことができます。

ですから、「どんな『想い』が出てきたのか、よくわからない」と思っても気にしないで、「愛しています」と愛をかけ続けていると、溶かすことができるのです。

「愛しています」を言うことに慣れてきたら、今度は気持ちを込めて言ってみましょう。気持ちを込めると、「想い」も溶けやすくなります。

口に出さなくても、心の中で「愛しています」と思うだけで愛は入りますが、言葉にする方が気持ちを込めやすくなるのでおすすめです。

気持ちを込めるときのコツ

どうやって気持ちを込めたらいいのかわからないという人は、胸の奥に愛しいお子さんが赤ちゃんだった頃の姿や、かわいがっているペットがいるとイメージしてみてください。

「愛おしい」「何てかわいいんだろう」「大切にしたい」。そういう気持ちがわき上がってきませんか？　それと同じ気持ちで、胸の奥に「愛しているよ」「愛しています」と話しかけてみてください。

「う～ん、それでもわからないなぁ」という人は、目の前に自分と同じ不安を抱えている人がいると思ってみてください。そして、その人が元気を取り戻すまで、「大丈夫だよ」「そんなに心配しなくても何とかなるよ」と優しく声をかけながら、「愛しています」と言ってみてください。

その人が「そうだよね。何とかなるかもしれないよね」と思えるようになるまで、そっと見守るような感じです。

「あ〜、もうイライラする！」と思うときは、「まあまあ、そんなにカリカリしないで少し落ち着こうよ」と声をかけて、「愛しています」と言ってみてください。

そして、イライラが少し落ち着いたかなと思ったら、「もう光にかえろうよ」と声をかけます。すると、「イライラ」が「光のパイプ」をスーッと通り抜けて光にかえります。

これを繰り返していくうちに、たくさんあった「イライラ」がどんどん浄化されて、やがて心が落ち着いてきます。

不安や心配があふれ出てくるときもあるでしょう。

「いつまでも今のままでいいの?」「これから先、わたしはどうなるんだろう?」「将来のことを考えると不安でたまらない」「病気になったらどうしよう?」「仕事がなくなったらどうしよう?」……。

そういうときは、「大丈夫だよ。何とかなるから大丈夫。心配しなくても大丈夫だよ」と声をかけ、「愛しています」「愛しています」「光にかえろう」と「想い」に話しかけます。

すると、不安や心配や焦りなど、心に揺さぶりをかけていた「想い」が、だんだん溶けて光にかえっていきます。

さっきまであんなに「どうしよう? どうしよう?」と追い詰められていたのがうそのように、心が穏やかになります。

「あ~、もう嫌だ!」という「想い」がたくさん出てきたら、「こんなに嫌だったんだね。全然気づかなかったよ」と語りかけて、「愛しています」と言います。

「嫌だ」が溶けて光にかえるとすっきりして、「想い」に邪魔されずに魂からのメッセージを受け取れるようになります。すると、魂が「嫌だ」と思っているのか、それとも「想い」が「嫌だ」と爆発していただけなのかがわかるようになります。

愛を入れることを習慣にしよう

あなたの中にたくさんの「想い」が詰まっていると、自分がどんな「想い」を抱いているのかわからないかもしれません。

そういうときこそ、胸に手を当てて、とにかく「愛しています」「愛しているよ」と心と魂に声をかけてください。

そうするだけで、不安や心配でいっぱいだった心も、疲れてヨレヨレの体も、本当に元気になるのです。

何度も何度も愛を入れているうちに、心が落ち着いてくるのを実感できるようになります。体がすっきりするのも感じられるようになります。

そして、愛を入れることが習慣化してくると、だんだんと魂のメッセージに気づけるようになります。

どうしたらいいかわからないと思うときも、愛を入れてください。あなたの心が穏やかになったと実感できるまで、たっぷりと愛を注いでみてください。

そうすれば、心のもやが晴れて、どうすればいいのかが見えてきます。

STEP 2

「ごめんなさい」で怒りや悲しみを溶かす

なかなか溶けてくれない「想い」の正体

わたしたちが抱くほとんどの「想い」は「愛しています」と愛をかけることで溶かすことができます。

ただ、中には、「愛しています」では溶けてくれない「想い」もあります。

それは、怒っていたり、泣いていたりする「想い」です。

心当たりはないかもしれませんが、その「想い」は、あなたが怒らせてしまった人の「怒り」や、あなたにつらい思いや寂しい思いをさせられて泣いている人の「悲しみ」です。

もし、あなたにされたことで怒っている人や、あなたに傷つけられて泣いている人が目の前にいたらどうしますか？　「ごめんなさい」って謝りますよね。ですから、「怒り」や「悲しみ」は「ごめんなさい」という言葉をかけて溶かしていきます。

前世で接した人の「怒り」や「悲しみ」も出てくる

魂を覆っている「想い」の中には、あなたが実際に接した人だけでなく、前世で接した人たちの「想い」もあります。ですから、あなたにはまったく覚えのない「怒り」や「悲しみ」もあるのです。

それでも、それらの「想い」を溶かすために、「ごめんなさい」と謝ってほしいのです。

「わたしは何も悪いことしていないのに、謝るなんて納得いかない！」

そうおっしゃる方もいらっしゃいます。その気持ち、よくわかります。わたし自身、そう思ったときがありましたから。

でも、魂のまわりを覆っている「想い」を溶かして浄化するのが目的ならば、納得がいかなくても謝ってしまった方が、はるかに早く浄化が進むのです。

「怒り」や「悲しみ」は、あなた以外の人が謝ってもなかなか溶けてくれません。あなたに対して「謝るまで許さない！」と言っているのですから、誰かが代わりに謝ったとしてもなかなか許してくれません。

あなたが謝ることで、ようやく「怒り」を解いて許してもらい、光にかえすことができるのです。

ですから、ソウル・セラピーでは、クライアントさんに「一緒に謝っていただけますか？」とお話しして、クライアントさんとひたすら「ごめんなさい」

と謝り続けることがあります。

そして、はじめのうちは口先だけの「ごめんなさい」でも、慣れてきたら気持ちを込めて謝るようにしていただきます。

強い怒りや悲しみほど、気持ちを込めて真剣に謝らないと、なかなか許してもらえないのです。

痛みを引き起こす「想い」にも「ごめんなさい」

もちろん、他人の「想い」だけでなく、自分の「想い」も出てきます。

体のどこかが痛いときは、たいてい「怒り」が出てきます。

自分の「怒り」であろうと、他人の「怒り」であろうと、「怒り」は痛みを引き起こすことが多いのです。

誰の「怒り」であっても、鎮めるために、とにかく「ごめんなさい」と謝ります。

そして、「怒り」が謝罪を受け入れて消えていくと、体の痛みも和らぐのです。

また、傷ついた「想い」も、痛みを伴うことが多いものです。胸の奥がキューッと痛くなるときは、あなたに傷つけられた人の「想い」と、あなた自身が傷ついたときの「想い」がたくさん詰まっているのかもしれません。

そんなときは、胸に手を当てて、「愛しています」と「ごめんなさい」をしばらく言ってみてください。傷ついた「想い」が溶けて光にかえると、胸の奥の痛みも和らいできます。

こうやって、日々自分に「愛しています」と「ごめんなさい」を言うことで、あなたの中にずっと消えずに残っていた「想い」が溶けて、魂を浄化できるのです。

穏やかで安らいだ日々を過ごすために、毎日自分に「愛しています」と「ごめんなさい」を言う習慣を身につけませんか？

STEP 3

「ありがとう」で感謝とねぎらいを

がんばっている自分に「ありがとう」

「愛しています」と「ごめんなさい」で、ほとんどの「想い」は溶けますが、それでもまだ溶けない「想い」があります。

いったいどんな「想い」でしょう?

それは、あなたに「認めてもらいたい」「感謝してほしい」という「想い」です。
「ひと言『ありがとう』とさえ言ってくれれば!」とあなたに感謝を求めてい

るのです。これらの「想い」に「ありがとう」と言うと、「一生懸命やっているのに認めてくれない！」「少しぐらい感謝してくれてもいいのに」という不満が解消されて、溶けてくれます。

おまけに「想い」が「うれしい！」と喜びながら光にかえっていきます。

では、いったい誰が感謝を求めていると思いますか？

仕事をしても誰かに感謝されるわけでもなく、自分が社会の役に立っていると感じられないときがあったり、家事や育児をがんばってこなしても、いつも家族が「ありがとう」と感謝してくれるわけでもない。

がんばるのは当たり前だと思っていても、誰にも感謝してもらえないと、やっぱり認めてほしいと思うときがありますよね。

わたしたちは、日々いろいろとがんばっています。

誰にも見えないところでがんばっている人、自分のやっていることは当たり前だと思ってがんばっているとすら感じていない人、人からは認めてもらえなくても精いっぱいがんばっている人……。

気づいていないかもしれませんが、みんな自分なりにがんばっているのです。

それなのに、わたしたちは、自分で自分を認めるのがあまり上手ではありません。「もっとがんばらなくっちゃ」とか、「こんなんじゃ全然ダメ」とか、「何だかサボっている気がする」と、自分にムチを打ち続け、やがて疲れ切ってしまうのです。

そう、感謝を求めているのはあなた自身です。

ですから、誰かに「ありがとう」と言ってもらう代わりに、自分で自分に「ありがとう」と言ってみませんか？　自分自身に「ありがとう」と感謝とねぎらいの言葉をかけてあげてください。

「ありがとう。今まで一生懸命やってきたよね。本当にありがとう。よくがんばったね。ありがとう」と言ってみてください。すると、「認めてほしい」「感謝してほしい」という「想い」が溶けて、光にかえっていきます。

「愛しています」と「ごめんなさい」を言ったら、今度は「ありがとう」なのです。日々よく動いてくれているあなたの体にも「ありがとう」を言ってあげてください。あなたの毎日を支えてくれている大切な体ですからね。

「ありがとう」「ありがとう」と足や腕などをさすりながら言うと、疲れが抜けていきます。

まわりの人のがんばりにも「ありがとう」

もちろん、感謝やねぎらいの言葉がほしいのは、あなただけではありません。

あなたの家族だったり、恋人だったり、上司や部下、友だちなど、今まであなたがお世話になった人たちの「感謝してほしい」「認めてほしい」という「想い」も、あなたの中に残っています。

ですから、たくさんの人たちの「想い」に心を込めて「ありがとう」と言ってください。すると、それらの「想い」があなたに感謝されたことで喜び、溶けていきます。

そして、今の人生だけでなく、前世でも同じような「想い」が生まれています。ですから、前世の「想い」も溶けて光にかえるようにと願いながら、「ありがとうございます」と心を込めて言ってみてください。そうすることで、あなたの中でくすぶっている「想い」が解消され、魂の浄化が進みます。

STEP 4

「許します」で他人や自分を許す

「許さない！」は自分自身を苦しめる

「愛しています」「ごめんなさい」「ありがとう」と続いた「魂を浄化する言葉」の最後を飾るのが「許します」です。

「許します」でいったいどんな「想い」が溶けるのかというと、自分自身や誰かのことを「許さない！」という「想い」です。

あなたには、「あの人だけは許さない！」と思っている人がいますか？

もしいるなら、きっととても苦しいはずです。「許さない！」という「想い」

は、心も魂もギューッと締めつけるからです。その状態では、深呼吸することさえ難しくなります。体もギューッと固くなっているかもしれません。

誰かを憎んで「許さない！」と思うことは、自分自身を苦しめてしまうことになるのです。

もし、あなたが「許すことはできない」「許したくない」と思っているなら、とにかく「愛しています」だけでもあなた自身に言ってあげてください。

少しずつでも、あなたの中に愛を注いでいきましょう。

もし、「もう憎しみを手放したい」「今の状態から抜け出したい」と思えるなら、ギューッと固まっているあなたの心に「愛しています」と愛をたっぷりかけてください。

そして、今まで苦しめてきた心に「ごめんなさい」と謝ってください。今まで耐えてきた心に「ありがとう」と感謝してください。ガチガチになっている体にも「愛しています」「ごめんなさい」「ありがとう」と繰り返してください。

そして、あなたの気持ちがほぐれて「もう許してもいい」と思えたときに、相手を思い浮かべて「許します」「許します」と言ってみてください。

すると、あなたの中の「許さない！」という「想い」が溶けて、光にかえっていきます。

許すことで自分を解放する

それでも許そうとは思えなくて、「絶対に許したくない！」と思うのなら、もう少し丁寧に一歩ずつ歩みを進めていきましょう。

あなたの怒りが強ければ強いほど、その人のことを思い出すたびに、苦しみや怒りや辛い想いが溢れてきて、あなたの心を痛めつけてくることでしょう。その怒りはあなたの心だけでなく、体まで痛めつけます。

許せない相手のことを、「いつか罰が当たればいいのに」とか「いつか私と同じ目に合えばいいのに」と思ったり、「『私が悪かった。ごめんなさい』と謝ってくれれば許すのに」と思って、相手を見張り続けてしまうこともあります。

許したくないほど怒っているのに、その相手を頭の中に住み続けさせているのです。

頭の中にその人が住んでいるので、いつまでも辛くて苦しい想いをするし、その怒りで体まで痛めつけられているのですが、肝心の相手は、あなたの許しなんて必要としていません。あなたが許そうと許すまいと関係なく、人生を歩んでいます。怒っているのはあなただけで、あなただけが苦しんでいるのです。

それでも「許せない！」と思うのは、「許すことは相手を正しいと認めること」と思っているからでしょう。ですが、セッションを通してわかったのは、許すことは相手を正しいと認めることではなくて、自分を相手への怒りから解放することでした。「許せない」という想いを浄化して許すことができると、相手の存在が頭の中で小さくなっていき、そのうち気にならなくなって、相手に対する怒りからも悲しみからも解放されて相手から自由になるのです。

一歩ずつでいいので、許すことができるまで、怒りと悲しみを浄化していきましょう。

許すまでの浄化ステップ

「許せない！」と思うのは、信じていたのに裏切られたり、大事にされたかったのに軽んじられたり、傷つけられたり、理不尽な目にあったりしたからなので、「許せない！」には怒りと悲しみが入り混じっています。その状態で、いきなり許そうと思っても難しいのは当たり前です。

まずは、怒りを浄化していきましょう。「絶対に許せない」と思っているのですから、あなたの中には、怒りが沢山詰まっています。その怒りに寄り添って、「そうだよね、頭に来るよね」「本当に許せないよね」と声をかけます。

この時に、怒りと一緒になって「やっぱり許せない！」と怒ってしまうと、怒りを浄化するどころかますます増やしてしまいます。一緒に怒らずに、ちょっと遠くから自分を眺めるようにしてみてください。自分の中から怒りが抜けていくのを眺めながら、怒りに寄り添って、「愛しているよ」「愛しています」と愛をかけていきます。

怒りが抜けてきたら、今度は悲しみの浄化です。傷ついた自分を癒していきます。「絶対に許せない」と思う時は、怒りで見えないかもしれませんが、かなり傷ついています。なので、その傷に愛をかけて、癒していきましょう。

「本当に辛かったよね。よく頑張ったね。愛しているよ」
「傷ついたよね。愛しています」
「悲しかったよね。愛しているよ」

心に愛が流れ込んでくると、ヒリヒリしていた心の傷の痛みが、だんだん薄れていって、やがて傷の痛みを感じなくなります。

そうやって、怒りと悲しみが抜けたら、ようやく相手を「許そう」と思えるようになります。

「許します」と思うと、また怒りと悲しみが湧き出てくるかもしれません。そしたらもう一度、怒りを浄化し、悲しみを癒してください。「許します」が楽に言えるようになるまで、何度でも繰り返しましょう。

相手があなたにしたことは、巡り巡っていつか本人に戻ります。それが宇宙の法則です。だから、あなたが見張らなくてもいいのです。あなたが裁かなくてもいいのです。あなたが復讐しなくてもいいのです。

怒りと悲しみを抱えたままで、無理やり許すことはできません。無理せず、ゆっくりでいいので、怒りを浄化して、悲しみを溶かして、許せるように祈りませんか。許すことで、あなたが相手からも怒りからも解放されますように。

自分自身を許せないときは

では、あなたが自分自身を「許せない」と思っている場合はどうでしょう？

クライアントさんからよく聞くのが「自分を許すのが一番難しい」という言葉です。人のことは許せても、自分を許すのが難しいと感じる方が多いようです。

わたしたちは、それだけ自分に厳しく、自分を責めながら生きています。

人と自分を比べても意味がない。そうわかっていても、ついつい比べて、その度に自分を責めたり、けなしたり、怒ったり、傷つけたり……。

そうしてしまうのは、無意識のうちに、自分のことを「許せない！」と思っているからです。

ただ、そうやって自分を厳しく責めていても、魂を浄化することはできません。自分を厳しく責めてばかりいると、「ダメだ!」「こんな自分は嫌だ!」という「想い」が増え続け、心や魂を覆ってしまいます。


自分を厳しく責める人は、「自分は許されない」「自分を許せない」と思い込んでいます。「許されない」「許せない」という「想い」でがんじがらめになっている限り、あなたの体も心も間違いなく悲鳴を上げています。体も心もカチカチに固まっているはずです。

もう、その「想い」から卒業しませんか?

あなたは、もう十分苦しんできたはずです。

今ここで思い切って自分を許すことにしませんか?

自分の中にある「許されない」「許せない」という「想い」に「愛しています」

と愛をかけてから、「もう許します」と伝えてください。「もう許そうよ」と説得してください。

許すことができると、ガチガチに固まった「許されない」「許せない」が消えて、心も体もゆるむのが感じられるはずです。

「許す」というのは、とても大きな力なのです。

「愛しています」「ごめんなさい」「ありがとう」「許します」

この四つの言葉をどうか毎日自分の心や体や魂に言ってあげてください。あなたの心や体にあふれている「想い」、あなたの魂のまわりを覆っている「想い」が溶けて、魂が輝き出してくるはずです。

STEP 5

心に愛と光を入れる

心に愛を入れる

魂を浄化する四つの言葉「愛しています」「ごめんなさい」「ありがとう」「許します」で心や体や魂についている「想い」を浄化すると、心に詰まっている「想い」が溶け、魂を覆っていたものが外れます。

ここまできて、ようやく魂に愛と光が入るようになります。魂は心の奥にあるので、心が静かで透明な状態であれば、魂に愛と光が入りやすくなります。

そのため、魂に愛と光を入れる前に、心に愛と光を入れて心の中を明るく、温かく整えます。

四つの言葉で「想い」が溶けると、そのぶん心が広がります。その広がった心に、「愛しています」「愛しています」とさらに愛を入れていきます。

「心に愛を入れる」というのは、「想い」に愛を入れるのと同じです。胸に手を当てて、ひとつひとつの「想い」に「愛しています」と言う代わりに、心全体に「愛しています」と言います。

心が愛でいっぱいになったと思うまで愛を入れてみてください。

胸の奥がじわ～っと温かくなりませんか？

心がゆるんで、穏やかになりませんか？

それが心に愛を満たした状態です。あなたの心が静かで穏やかになるまで愛を入れてくださいね。

心に光を入れる

次に光を入れます。胸に手を当てたまま、今度は心に明るい光が流れ込んでくるとイメージしてみてください。「光が入る」「光、光、光」と思うと、光が入っていきます。

明るくなったなぁと感じたら、思い切って大きく両腕を広げて「う〜ん」と伸びをしてみましょう。

そして、雲ひとつない青空のもと、大草原で体いっぱいに太陽の光を浴びているとイメージしてみてください。体の隅々まで光が行き渡るとイメージしてみてください。そして、そのまましばらく光を浴び続けてみましょう。

胸の奥が明るくなったように感じませんか？

「きっと何とかなるだろう」と、未来に対して希望がわいてくるのを感じませんか？

心が光で満たされると、物事を楽観的に考えることができるのです。

実は、「想い」をひとつずつ感じてから溶かさなくても、心全体に愛と光を入れることで「想い」を溶かすことができます。

ですから、自分の中にどんな「想い」があるか感じられなくても、いつでもどこでも心に「愛しています」「光が入る」と言いながら、愛と光を入れてみてください。「想い」を浄化できて、心も体も健やかに過ごすことができますよ。

STEP 6

魂に愛と光を入れる

魂に愛を入れる

心が愛と光で満たされたところで、いよいよ魂の浄化の最後のステップ、魂に愛と光を入れていきます。

魂に愛と光を注ぐことで、魂と神様をつなぐ「光のパイプ」を太くして、魂をより輝かせることが目的です。

魂に「愛しています」「愛しています」と言って愛を入れると、魂はたいていい「うれしい！」と大喜びします。自分の本当の姿は魂なのに、その存在すら気にかけていない人がほとんどだからです。

魂はあなたの愛を待っているのです。でも、ずっと放ったらかしにされていたのです。

放ったらかしにされたら誰だって寂しいですよね。魂も同じです。ですから、あなたが愛を入れると魂が大喜びするのです。

そうやって、魂に愛をかけ、魂を意識するうちに、あなたの意識と魂のつながりが強くなり、魂を感じることができるようになっていきます。

また、「魂に神様の愛が入る」とイメージしながら、天から降り注いでいる愛を受け取ることで、魂と神様をつなぐ「光のパイプ」がさらに太くなっていきます。魂が大きく広がり、輝きを増していきます。

はじめのうちは、何も感じないかもしれません。それでも愛を入れ続けていくと、だんだん自分の中にある魂に愛が入っていくのがわかるようになります。

胸の奥が温かくなったり、ゆるむのが感じられたりします。

ですから、毎日「想い」を溶かしたら、魂に「愛しています」と愛を入れ、神様の愛を受け取るようにしてください。

魂に光を入れる

魂に愛がいっぱいになったと思ったら、天から神様の愛が降り注いできたのと同じように、光が降り注いでくると思ってみましょう。

光の滝に当たっているとイメージしてみてください。

その光の滝は、あなたの体の外を流れるだけでなく、あなたの体の中を通り抜けて、魂に入っていきます。

魂が光でいっぱいになったら、目をつぶっていても何となく目の前が明るく感じられるようになります。

そして、魂にいっぱいになった光が、今度はあなたの体を通り抜けて流れていくとイメージしてみてください。

頭の上から入ってきた光が、あなたの体の中心を通り抜けて、足の裏から流れていくイメージです。光で体中をきれいに洗い流します。体も心も魂も、光でいっぱいです。

そのまま、しばらく神様の光の海で漂ってみましょう。ゆったりと思う存分ひたってください。神様の神聖さにひたって、神聖さと一体になってみてください。

この時間を、祈りとも、瞑想とも、神との時間ともいいます。神様を身近に感じられる至福のときです。

神様とつながっている魂に触れることで、自分の存在を肯定できるようにな
り、何よりも安心感を覚えることができます。この世に存在していることを、
意味のあるものとして認めることができるのです。

そして、魂がつながっている神様の存在も、何となく感じられるようになり
ます。

体は、あくまで魂の乗りものであって、本当の自分とは魂なのです。

埋もれている魂を輝かせるために、そして、魂を輝かせながら人生を歩んで
いくために、魂に愛と光を入れていきましょう。

第3章

魂を浄化するために知っておきたいこと

まずは「魂を浄化する!」と決意する

魂の浄化は「地道に」「根気良く」

家の床に何年も昔の汚れがこびりついているのを見つけたら、どうしますか?

いきなり力任せにこすっても取れませんよね。ですから、はじめは水をかけて、ゆっくりその汚れをふやかします。すると、そのうち汚れが床から浮き上がってきて、一気にポロッとはがれたりします。

うまくはがれずに少し汚れが残ってしまったとしても、地道にこすっていれば、だんだん汚れが落ちていって、最終的にきれいになります。

魂にこびりついてしまった汚れも同じです。

魂には、今まで生きてきた何十年ぶんもの「想い」がこびりついています。

そして、その下には、前世での「想い」もこびりついています。

でも、それらの「想い」を地道に取り除いていけば、魂はきれいになるのです。

あなたの決意が浄化の決め手

魂の頑固な汚れを取り除きたいと思うなら、まずは「お掃除しよう」と決めるところからスタートです。

そして、固まった汚れに「愛」のお水をたっぷり注ぎます。ガチガチに固まっている汚れに、ジョウロで「愛」のお水をたっぷり注ぐイメージで、胸に手を当てて「愛しています」と何度も心の中で思ってください。

愛を注いでいくうちに、あなたの「想い」が浮かび上がってきます。愛でふやけたところに、さらに愛を入れると、ポロッとはがれることもあります。

また、実際に手で胸のあたりをポンポンと軽く叩いたり、さすってみるなど、外から物理的な力を加えると、はがれることもあります。

人からの愛のある言葉がきっかけとなってはがれることもあります。


魂のまわりにこびりついた「想い」を溶かすには、「想い」を生み出すもととなっている考え方を改める決意をしないと、本当の意味での解決にはなりません。そうしないと、また同じ「想い」をつくり出してしまうからです。


あなたが決意することで、同じような「想い」をつくり出すことが減ります。

そして、ネックとなっている前世の「想い」も、その決意をきっかけに浮かび上がってくることが多いのです。ですから、最終的に「想い」を溶かせるかどうかは、あなたの決意次第なのです。

前世の「想い」と今生の「想い」を区別する

前世の「想い」が今の自分をつくり出す

「想い」は魂の上に何層にも重なっています。

魂は生まれ変わりを繰り返しているので、魂を覆う「想い」には、今生のものだけでなく、前世で生み出されたものもあります。

また、今生でわたしたちが持つ「想い」は、前世の「想い」の影響を大きく受けています。


前世で怒ってばかりいると、今生でも怒りやすくなります。前世で感じた怒りが、今生でも怒りを呼んでしまうのです。

また、前世で多くの人を怖がらせたことがあると、反対に今生では人と接するのを「怖い」と感じることもあります。

このように、前世の「想い」は、今のわたしたちの考え方や行動のパターンをつくり出しているのです。

前世の「想い」と距離を置く

考え方や行動の悪い癖をなくすには、そのもととなっている前世の「想い」を、自分と切り離して考えることが大切です。

「こんな些細なことでこれほど怒る必要はないよね」とか、「嫌な目にあってもいないのに、震えそうに怖いっていうのは変かもしれない」と理性で判断し、今自分を圧倒している感情に、前世の自分や他人の「想い」が含まれているかもしれないと考えてみるのです。

そして、それらを今の自分の「想い」と区別します。

あなたが今感じている「想い」が、いつの「想い」なのか、または、誰の「想い」なのかを区別するのは難しいかもしれません。

ですから、まずは「今の自分の『想い』ではないかもしれない」と考えて、その「想い」を客観的に見てみてください。距離を置くことで、その「想い」に愛をかけて溶かすことができるようになります。

これができるようになると、「想い」に引き込まれて感情的になってしまうことがぐっと少なくなります。

「想い」を区別したら、あとはあふれてくるすべての「想い」に淡々と「愛していますす」と愛をかけて溶かし、光にかえすだけです。こうして魂の荷物をどんどん下ろしていくことで、魂が輝き始めるようになります。

魂が喜ぶ「我慢」と苦しむ「我慢」を見わける

「我慢」にも種類がある

「我慢」と「わがまま」、魂にとって負担が大きいのはどちらだと思いますか？
わたしたち日本人は、「我慢は美徳」という考えを持っていますが、魂にとって負担が大きいのは、実は「我慢」の方なのです。

目標を立て、それを達成するための「我慢」は希望があるのであまり苦になりませんが、本当はやりたくないことを立場上やむを得ず受け入れてする「我慢」は魂にとって負担になります。

魂を浄化していると、この自分に強いている「我慢」がいかに心と体と魂にとって負担となっているのかがよくわかります。

「わたしは今までずっと我慢してきました」と言う方からは、全身に力を入れてグーッとこらえている「想い」がたくさん出てきます。

力が入ってカチカチの「想い」があると、心もカチカチです。心だけでなく、肩や腰などもカチカチに凝り固まってしまいます。

そんな「想い」に覆われていたら、魂だって苦しいと思いませんか？

客観的な視点を持つことが大切

ちょっと見わけが難しいかもしれませんが、魂が喜ぶ「我慢」と、魂が苦しむ「我慢」があるので、自分の「我慢」はどちらなのだろうと客観的に見てみることが大切です。

自分を成長させるための「我慢」は、心にとっては苦しくても、魂にとっては「喜び」なので、実はそれほど苦しくありません。

反対に、人のために自分を押し殺してする「我慢」は、魂にとって「苦しみ」となります。

魂が苦しむ「我慢」ではなくて、魂が喜ぶ「我慢」で成長していきましょう。

自分が嫌いだと「想い」が溶けにくくなる

自分に「愛しています」が言えますか？

もし、あなたが自分のことを嫌いだと思っているなら、「愛しています」と言って愛を入れることは、とても難しいと感じるかもしれません。

自分を「嫌だ」という「想い」が強すぎると、「愛しています」と口にすることすらできない人もいます。

自分を否定していると、なかなか「愛しています」と言えないため、愛が入りにくく、「想い」も溶かしにくくなってしまいます。

本当は、自分を否定するのをすぐにでもやめていただきたいのです。

でも、今までずっと嫌いだったのに、「今日から自分を好きになろう」と急に方向転換することはできませんよね。

自分のダメなところを一番知っているのは自分ですし、そこにばかり目が行ってしまいますから、どうしても自分を嫌だと感じてしまいます。

それでも、わたしたちの中にいる魂は、みんな光り輝いています。誰もが光り輝く魂を持っていて、その光をもっと輝かせるために、この世に生まれてきているのです。

自分を丸ごと否定しない

「わたしはダメだ」「あれもできない」「これもできない」などと自分にダメ出しばかりしていると、どんどん苦しくなってしまいます。ですから、ダメだと思っても自分を丸ごと否定しないでください。

ダメだなぁと思うところは誰にでもあります。完璧な人間なんていないのです。自分を否定するのではなくて、少しでも輝くように自分を磨いていきませんか？　自分を認めてみませんか？

とにかく、どんなに自分の嫌なところが目についても、自分を否定しないでほしいのです。

自分の味方になってください。

自分を愛してあげてください。

「そうは言ってもできない」

「こんな自分は嫌だ」

そう思ってしまうなら、その「できない」「嫌だ」という「想い」に愛をかけて地道にせっせと溶かしていきましょう。

そうしているうちに、「自分を否定するのをやめようかな」と思えるようになっていきます。そう思えたら、思い切って、自分で自分を抱きしめて「愛している」と思ってください。自分に大きな○印をつけるのです。

自分という存在に大きな○をつける

あなたに、かわいいお子さん、あるいは愛するペットがいるとしましょう。彼らは、そこにいるだけでうれしい存在ですよね。これが大きな○です。

そして、お子さんたちのことをどんなに愛していたとしても、やっぱりあなたにとって気に入らないところはありますよね。「勉強しない」とか「やんちゃすぎる」とか「だらしない」など。そこには小さな×をつけます。

でも、どんなに小さな×がたくさんあるとしても、その子たちの存在は大きな○であって、あなたにとって、その○は揺るぎがないはずです。

それと同じことを、自分に対してもしてほしいのです。わたしたちは自分にとても厳しいので、「ああ、これもできなかった」と言っては大きな×を自分につけて、自分を否定します。

「変なことを言ってしまった」と大きな×をつけ、「ああ、また失敗した」と大きな×をつけ、自分が気に入らないことをする度に、自分に大きな×を重ねていきます。これでは、自分を認めることがどんどん難しくなってしまいます。

あなたも、お子さんたちと同じです。自分の存在そのものに大きな○をつけてください。

「ああ、嫌だ」と思うことがあったときは、大きな×ではなくて、小さな×にして、自分につけた大きな○を消さないでください。

するとあなたの中に愛が入りやすくなります。

「〇をつけるのも無理」と思うなら、あなたの中に心という器があると思ってみてください。そして、その器に愛というお水を注ぐとイメージするのはどうでしょう？

これなら自分を意識せずに、心に愛を満たすことができませんか？

そうやって、心と魂に愛を入れているうちに、やがては魂を感じ、神様を感じられるようになってきます。

すると、今、自分がここにいるのも、すべて神様や魂に導かれてきた結果なのだと感じることができるようになり、今までの自分を受け入れることができるようになります。

祈りで「想い」を溶かす瞬間

「愛しています」で「想い」がゆるむ

ソウル・セラピーで魂を浄化するときは、魂を浄化する四つの言葉「愛しています」「ごめんなさい」「ありがとう」「許します」のうちの「愛しています」で「想い」を溶かすことが一番多いです。

どんなに固まった「想い」でも、愛を拒否している「想い」でも、怒りで爆発している「想い」でも、「愛しています」「愛しているよ」とひたすら愛をかけ続けることで、ゆるんで溶けてくれます。

祈ることで一気に「想い」が溶ける

このようにして愛をかけ続けていると、ふとしたときに祈ることで「想い」を溶かす瞬間があります。

「どうかこの方の苦しみを光におかえしください」
「どうかこの寂しさを愛で溶かしてください」

そう祈ると、一気に「想い」が溶けて、光にかえっていくのです。

ですから、心を追い込む心配事や不安や孤独など、さまざまな「想い」に愛をかけて少し落ち着いた後、次のように神様に溶かしていただくよう祈ってみてはいかがでしょうか。

「どうかわたしの心配を光におかえしください」
「どうかこの不安が、愛で溶けていきますように」

「この孤独感を溶かしてくださいますように」

魂と神様をつなぐ「光のパイプ」が太くなってくると、祈りによるお掃除が、より効果的にできるようになります。

自分に愛と光を入れることはとても大切です。ですから毎日忘れないでほしいのです。

それに加えて、祈りで「想い」を溶かすことができるようになると、「光のパイプ」がますます太くなって、愛と光が入りやすくなり、神様を身近に感じられるようになります。

人間関係の苦しみを解消するために

縁のある人とは前世でも関係していたことが多い

わたしたちは、日々縁のある人に出会っています。縁のある人とは、つまり前世で接したことのある人です。

「袖振り合うも多生の縁」といいますが、ソウル・セラピーをしていると、現在それほど深い付き合いではない人でも、前世で関係していることがよくあります。本当に「袖振り合うも多生の縁」だなぁと感心しています。

ですから、それこそ最も身近な存在である夫婦や親子は縁が深いことが多く、前世でも家族として過ごしていることが多いのです。

「正のカルマ」と「負のカルマ」

前世で他人に対してした行為が、年月を経て今の自分に返ってくることを「カルマ」といいます。

そのときの関係が良いものだったか悪いものだったかによって、「正のカルマ」といったり、「負のカルマ」といったりします。

たとえば、前世であなたがいつも困っている人を助けていたとすると、その助けられた人たちは、今の人生で、あなたを助けてくれる存在になっているのです。これが「正のカルマ」です。

「負のカルマ」は、その逆です。あなたが前世で相手をつらい目にあわせていたとすると、その人が当時のあなたにされた行為を今のあなたに返してくるのです。もちろん、その人自身は前世の「想い」に影響されていることなど、まったく感知していません。

ちなみに、「カルマを解消する」という場合のカルマは、「負のカルマ」のことです。「負のカルマ」は、わたしたちにつらい思いをもたらしますので、できるだけ早く解消させたいと誰もが願うことでしょう。

カルマを解消する方法

では、カルマを解消するにはどうすればいいのでしょうか？

通常、カルマは、日々の生活の中で実際に相手とぶつかったり、理解し合ったりするうちに、前世でのあなたの行為が清算されて解消するという仕組みになっています。

でも、ソウル・セラピーでは、あなたがつらい思いをすることなく、あるいは少しでもつらさを感じなくてすむように、非常に簡単でシンプルなことをやっていただいています。

ここまで読み進んでいる方は、もうおわかりかもしれませんね。

相手の魂に残っている前世の「想い」に「ごめんなさい」と謝ってもらうのです。そうすることで、カルマの解消を促します。

相手に残っている「想い」が「謝れ！」と言っているときは「ごめんなさい」、「愛してほしい」なら「愛しています」、「感謝してほしい」なら「ありがとう」、「許してほしい」なら「許します」。

そうやって、相手を思い浮かべて心の中で思うことで、相手とのカルマを解消することができるのです！

もし、あなたが職場や家庭、友だち、近所などの人間関係で苦しい思いをしているのなら、前世でその人を苦しめていたのかもしれません。

自分が前世で相手に何をしたのかがわからなくてもいいのです。「ごめんなさい」と思うことで、相手の「想い」が溶ければ、現実に変化が起こります。

ですから、カルマを解消するためだと思って、試しに「ごめんなさい」と心の中で言ってみませんか？　言い続けていると、本当に変化があらわれますよ！

毎日のケアを積み重ねることが大切

魂の浄化を毎日続けて「光のパイプ」を太くしよう

ここまで心と魂を浄化する方法やコツなどをご紹介してきましたが、一番大切なことは何だと思いますか？　そう、毎日のケアの積み重ねです。

お肌だって、一カ月や一週間に一度、念入りにお手入れしても、他の日に何もしなければ荒れてしまいますよね。

魂も同じです。どんなに心と魂に愛と光を入れて、神との一体感を感動的に味わったとしても、それが一度きりなら、あまり意味はないのです。

それを毎日続けることで、「光のパイプ」が太くなり、魂が輝き出し、その輝きが日々のあなたの表情や言葉にあらわれるようになるのです。

ですから、毎日お風呂に入って体を洗うように、毎日心と魂に愛と光を入れてケアをしてほしいのです。

日々さまざまな出来事が起こります。そして、心はいろいろなことを感じ、頭は常にいろいろなことを考えます。思い悩むこともたくさんあります。

それでも、毎日、心と魂に愛と光を入れることで、心に詰まっている「想い」を溶かし、魂の覆いを外すことができるのです。

毎日続ければ必ず変化がある

「想い」を溶かすことができると、魂が明るくなります。心がふっと軽くなります。そして、何と体まで軽くなるのです。

「想い」は魂だけでなく、心にも体にも影響があるのです。

だからこそ、毎日せっせと自分に愛を注いでほしいのです。光を浴びてほしいのです。

あなたが楽になるために、そして、本当のあなたに出会うために、今日から毎日、心と魂に愛と光を注いでみませんか？

毎日続けることで必ず変化が感じられます。そして、毎日続けることが、あなたの魂を浄化するための近道なのです。

魂をどんどん浄化して、大きく輝かせましょう。

第4章

魂の浄化で
あなたの悩みが
解決する

将来が不安で仕方ない

「迷い」や「不安」は魂に負担をかける

ソウル・セラピーには、いろいろな方がいらっしゃいます。

体や心の病を抱える人、家庭や職場の人間関係で悩んでいる人、そして、魂を感じたい人……。

どの方に対しても、魂を覆っている「想い」を溶かして光にかえし、魂の浄化を行います。魂を輝かせることで、心や体の健康を取り戻したり、人間関係が改善したり、魂の導きを得られるようになるのです。

この章では、具体的なケースを交えながら、ソウル・セラピーを訪れた方が、どのようにして、さまざまな悩みから解放されたのかをご紹介していきます。

あるとき、30代の女性Aさんがソウル・セラピーにいらっしゃいました。派遣社員として働いていて仕事は不安定だし、結婚したいけれど出会いはないし、いつまでもこのままでいいのだろうか……と、悩み出すと不安でたまらなくなるのだそうです。

ひとりぼっちで生きているように感じて、つらくて死にたくなるときがあるとまでおっしゃいます。

Aさんの胸に手を当てて「愛しています」と愛を入れると、「どうしよう」「どうしたらいいんだろう」といった「迷い」や「不安」が次々にあふれ出てきました。「愛しています」とひたすら愛を入れて、「迷い」と「不安」を溶かしていきます。

それらが溶けて光にかえると、今度は「寂しい」があふれ出てきました。「ずっと寂しくてつらかったね。もう大丈夫だよ。愛しているよ。光にかえろうね」と声をかけながら「寂しい」に愛を入れ続けます。

そして、たくさんの「寂しい」が光にかえって落ち着いたところで、心と魂に愛と光を入れました。

セッション後のAさんは、いらしたときとまったく別人のような笑顔でした。「何だか大丈夫な気がしてきました。正社員で働けるところを探してみます。そして、自分でも毎日愛と光を入れてみます」と言ってお帰りになりました。

「迷い」は「迷い」を呼び、「不安」は「不安」を呼んで、雪だるま式に膨れ上がってしまいます。

出口のない迷路にはまり込んでいるとわかっていても、迷ったり、不安になったりするのをやめるわけにいかず、どんどん追い詰められてしまうのです。この状態は、魂にとって大きな負担になります。

「迷い」や「不安」というのは、すべて自分で自分の中に作り出した「想い」です。「想い」ですから、溶かすことができます。

もちろん、「迷い」や「不安」がまったくなくなるということはありません。でも、「迷い」や「不安」が出てくる度に溶かしていると、迷ったり、不安に思うことがずいぶんと少なくなります。

そして、「迷っても仕方ないことだな」とか、「ああ、これって不安に思う必要なかったんだ」と自分を客観的に見られるようになります。

すると、今自分がどうしたらいいのかが見えるようになるのです。

肩凝りと首の痛みがつらい

「怒り」は心も体も痛めつける

あるとき、40代の女性Bさんが、肩凝りがひどく、首も痛くて動かないということで、ソウル・セラピーにいらっしゃいました。

Bさんの表情から、ピーンと張り詰めたような緊張感が伝わってきます。そして、お話を聞いていると、こちらの胸がザワザワしてきました（クライアントさんの心の状態が伝わって、同じような状態になることが多いのです）。

セッション開始と同時に、Bさんの「想い」があふれ出てきました。「苦しい！」

「ギャー！」と泣き叫び、苦しんでいます。

出てきた「想い」を光にかえしても、また「苦しい！」が出てきます。愛で溶かしては光にかえし、愛で溶かしては光にかえしていきます。

それらの「想い」は、自分や家族に対する「怒り」でした。「怒り」のエネルギーが心の中で嵐のように暴れまわり、体にまで影響を及ぼしていたのです。

愛をかけて「怒り」を溶かし、体をほぐして「怒り」を溶かしていくと、今度は「悲しみ」が出てきました。自分を理解してくれない家族や自分に対する絶望のあまり、しくしく泣いている様子が伝わってきました。

とにかく愛をかけていくしかありません。「愛しているよ」「愛しています」「愛しています」と愛をかけていくうちに、「悲しみ」もどんどん落ち着いてきました。

すると、体の力も抜けて首も動くようになり、穏やかな表情になりました。

Bさんは、「怒り」がどれだけ自分を痛めつけ、苦しめているのかを知って驚いたようでした。そして、「まったく怒らないというのは無理ですけど、心がけてみます」とおっしゃって、自分でも心に愛を入れると決めてくれました。

「怒り」のエネルギーは非常に強く、体や心や魂にとって負担が大きいのです。

もし、あなたが怒りを抱えているなら、その「怒り」はあなたを痛めつけ、苦しめています。

あなた自身を苦しみから解放しませんか？　心に愛を入れて「怒り」を溶かすと、心も体もゆるんで穏やかになりますよ。

体調がいつも悪い

霊的に敏感な人は体調を崩しやすい

体の調子がいつも悪く、仕事にも差しさわりがあるということで、40代の女性Cさんがソウル・セラピーにいらっしゃいました。

セッションが始まると、Cさんの体についている「想い」の多さに、まるで部屋の中がタバコの煙でいっぱいになったかのように煙たく感じます。「想い」があまりに多くてCさんに近づけないので、Cさんの全身を光で洗い流すイメージで、ほこりを払うように「想い」を溶かして光にかえしていきました。

このように大量の「想い」に覆われやすい人というのは、霊的に敏感な人で、他人のネガティブな「想い」をたくさんキャッチしやすいために、いつも体調がすぐれないという方が多いのです。

Cさんも非常に敏感で、愛をかけて誰かの「怒り」が出てくると、「イタタタ！」と反応します。

「怒り」のエネルギーは、セラピストが謝るよりも、「怒り」の矛先である本人が謝る方が早く溶けるので、Cさんにも一緒に謝ってもらいます。するとと、怒りがふっと溶けて光にかえるのですが、Cさんはそれもキャッチして、「あ〜、楽になった」とおっしゃいます。ずいぶん敏感な方です。

Cさんは病院で働いているので、体の調子が悪い人と接する機会が多いそうです。

愛をかけていると、患者さんたちの「想い」も次々に出てきました。「苦しい」

「つらい」と言っているひとりひとりに「愛しています」と愛をかけていくと、「想い」が溶けて光にかえっていきました。

Cさんは、セッション数回で体調がずいぶん良くなり、体が軽くなってきたとのことでした。

また、ご自分でも日々「愛しています」や「ごめんなさい」を体に変調がある度に言うようにしてくださっているそうです。

体の調子がいつも悪くて動けなくなる人は、霊的な影響を受けやすいのかもしれません。

もし、あなたが「わたしもそうかもしれない」と思うなら、体を光のシャワーで洗い流すようなイメージで、体に「愛しています」と「ごめんなさい」をいつも言うようにしてみてください。

うつ病がなかなか良くならない

自分を責める気持ちは心を打ちのめす

40代のうつ病の男性Dさんが、病院の薬では一向に良くなる気がしないということで、ソウル・セラピーにいらっしゃいました。

彼の胸に手を当てて心に愛を入れていくと、「怒り」が雪崩《なだれ》のように次から次へとあふれ出てきました。Dさんの「怒り」によって、わたしの体が勝手に動かされます。

「俺は何てダメな奴なんだ！」と言いながら、ビシッ！　と自分の胸を叩き、

「しっかりしろ！」。ガツッ！　今度はげんこつで殴ります。

「情けない！」。バン！　平手で。

「何でこんなに弱いんだ！」。ドンッ！　自分を両手で押しのけています。


わたしが感じた「怒り」は、すべてDさんの自分自身への「怒り」でした。自分の弱さを責めて、心を力いっぱい叩いたり殴ったりしているのです。

Dさんの「怒り」で体を動かされているわたしは、自分で自分の胸を叩くことになるのですが、あまりの痛さにびっくりしました。これだけ心を殴られ続けていれば、どんなに元気な人でも参ってしまうだろうと思うほどです。

「Dさんの心は、Dさんの怒りに打ちのめされてフラフラです」と伝えると、Dさんの心から、メッセージが伝わってきました。

「お願いですから、もうこれ以上殴らないでください。殴られなければ少しずつ元気になって、あなたを応援することができるのです。でも、今のようにあなたが自分を責めてばかりいるようでは、わたしは元気になるどころか、ますます弱まり、あなたの足をもっと引っ張ることになってしまいます」

うつ病になるのは、責任感が強い人や完璧主義の傾向が強い人に多いといわれていますが、実際ソウル・セラピーにいらっしゃる人の中には、自分の心の弱さを責めている人がたくさんいらっしゃいます。

そういう人に、「自分を責めないように」と言っても、実行するのは至難の業です。ですから、責めている「想い」そのものを愛で溶かすようにしていきます。

心が弱っているときに、魂は何と言っていると思いますか？

「自分を責めろ」などとは、もちろん言っていません。「心を愛で満たしましょう」と言っているのです。ですから、Dさんに次のようにお願いしました。

「心に『愛しています』と毎日言っていただけますか？」

「それは無理です。こんな自分なんて絶対に愛せない。許せない」

「そうですよね。自分を愛するのは難しいですよね。でも、『自分を愛してください』とは言ってないのです。『自分の心を愛で満たしてください』と言っているのです。似ているようですけれど、全然違うことなんです。今のまま心を痛め続けていると、心が元気になるチャンスがありません。心を元気にするために、心という器に愛を満たすと思っていただけますか？　そうすると、心を責める『想い』が溶けて、責めることが減っていくのです」


Dさんの胸に手を当て、心に向かって「愛しています」と愛を入れると、責める「想い」がどんどん溶けてなくなっていくのを感じます。

「どうですか？　さっきより少し心が軽くなっていませんか？」

「はい。何となく軽くなった気がします」

「心に愛を入れるというのは、エネルギー補給のようなものです。エネルギーを心に充電すると思って、ご自身でも毎日『愛しています』と言って補給していただけますか？」

「わかりました。やってみます」

Dさんはその後も定期的にセラピーにいらっしゃいました。

また、毎日自分で心に愛を入れるうちに心が軽くなることを実感し、病院で処方される薬も次第に減っていきました。

自分を正そうという「想い」が漬物石のように心にずっしりと乗っかってしまい、心の病気になる人がたくさんいます。

また、大きなストレスを抱えた状態が続いても心の病になってしまうのです。もし、あなたが日々ストレスで苦しんでいるなら、心に愛を満たすことから始めてみませんか？

胸に手を当てて、心に「愛しています」と繰り返し言ってみてください。そうすることで、心の奥から魂が顔を出す機会が増えます。

心に愛を入れて「想い」を溶かし、心を元気にするはじめの一歩を踏み出しましょう。

人が怖い

人に与えた「想い」はいつか自分に返ってくる

20代の男性Eさんが、人が怖くて電車に乗るのもつらい、できれば家で一日過ごしていたい、でもこのままではダメだから何とかしたいということで、ソウル・セラピーにいらっしゃいました。

Eさんに愛を入れると、「怖い」「怖い」「怖い」と嵐のように「怖い」が噴き出してきました。Eさんが人を怖がっている「想い」です。「大丈夫、怖くないよ。愛しているよ。愛しているよ。光にかえろう」と言って「怖い」を溶かしていくと、Eさんが子どもの頃に、父親から怒られて怖がっている様子が伝わってきました。しょっちゅう怒られていたようで、その頃の

「怖い」もたくさん出てきました。

こちらの「想い」にも同じように声をかけて溶かし、光にかえしていきます。

さらに愛を入れると、今度は前世の「想い」が伝わってきました。

Eさんのまわりにたくさん人がいて、その人たちがEさんを「怖い」と思っているのが伝わってきます。どうやらEさんは独裁者的な存在で、まわりの人が自分に意見をすることを許さず、恐怖政治を敷いていたようです。

Eさんに一瞥《いちべつ》されて、体を震わせている人たちの「怖い」という「想い」がどっと押し寄せてきました。ただひたすらそれらの「想い」に「ごめんなさい」と謝ります。

「ごめんなさい。怖がらせて本当にごめんなさい。怖い思いを味わわせてしまって、本当にごめんなさい。許してください」と、Eさんから出てくる「怖い」がなくなるまで謝り続けます。Eさんにも一緒に謝ってもらいます。しばらく謝り続けているうちに、たくさんの「怖い」が光にかえってくれました。

人を怖がる人の魂には、「怖い！」という「想い」が、山のようにくっついています。それは、Eさんのように、子どもの頃に親に叱られたときの「怖い」かもしれません。前世で恐怖を味わったときの「怖い」かもしれません。前世で多くの人を怖がらせたときの「怖い」かもしれません。

「人が怖い」と言う人の魂には、たいていこれらの「想い」が幾重にも重なっています。その中でもっとも魂に影響を与えているのが、「多くの人を怖がらせた前世」です。

もし、前世で何百人、何千人という人々に恐怖を与えていたとしたら、その人たちの「怖い！」という「想い」の強さは、今の人生であなたが親や他人から受けた恐怖の比ではありません。

組織の長（国王、領主など）だけでなく、たくさんの人を拷問した人、処刑した人、戦いで多くの人を殺した人などさまざまです。

Ｅさんには、「怖い」と感じたときに、「愛しています」と「ごめんなさい」を言ってもらっています。そうすることで、恐怖を溶かして光にかえすことができるようになり、「怖い」と感じる場面がずいぶん減ってきたそうです。

人が怖くて怖くてどうにもならないという方は、もしかしたら前世でたくさんの人を恐怖に陥れたことがあるのかもしれません。

「怖い」と感じたときは、恐怖を感じさせてしまった相手に「ごめんなさい」と謝り続けてみてください。そして、「愛しています」と愛を送って、相手の気持ちをほぐしてあげてください。

時間はかかるかもしれませんが、だんだんと怖さが薄れてきます。根気強く続けてみてくださいね。

心の傷を癒したい

トラウマは乗り越えられる

家族や恋人、親友など、心を許していた人や信頼していた人に傷つけられたり、裏切られたりすると、その人のことを信じていたぶん、心の傷も大きくなります。

あるとき、ソウル・セラピーに30代の女性Fさんがいらっしゃいました。

子どもの頃に母親から言葉の暴力を受けて育ったので、自分に自信が持てないし、人ともうまく付き合えないとのことです。

Fさんの胸に愛を入れると、不安や苦しさやつらさがいっぱい出てきました。

それらを溶かして光にかえすと、Ｆさんが母親の言葉に打ちのめされている様子が伝わってきます。

そして、急に胸の奥がキリキリと痛くなってきました。これはＦさんの心の傷の痛みです。Ｆさんが母親の言葉に傷つき、つらい思いをしていたのが伝わってきました。

「愛しています」「愛しています」と、愛をかけ続けていると、Ｆさんの心の傷が溶けて光にかえっていきました。

何度もこれを繰り返して、次から次へと浮かび上がってくる傷ついた「想い」を光にかえし、幼い頃の心の傷を癒していきます。

傷が出てこなくなったと思ったら、今度は「寂しい」「お母さん、優しくして」「愛してほしい」というＦさんの幼い頃の「想い」が伝わってきました。

この「想い」にも、ひたすら愛をかけて溶かしていきます。

このように、セッションでは、愛を入れると心の傷が出てくることがよくあります。刃物で切り裂かれたような痛みや、チクチク針で刺されているような痛みなど、人によってさまざまです。

心の傷は、長い間受け続けてできていることもあるため、次から次へといつまでも出続けることがあります。それでも、とにかく愛をかけ、傷つけられた「想い」を光にかえすことで、その傷を癒すことができるのです。

傷が溶けて楽になると、傷を乗り越えようとする力がわいてきます。自分自身が「心の傷を手放そう」「愛をかけて溶かそう」と思うことができたら、心の傷を手放すまでの道のりはグッと短くなります。

もし、あなたに心の傷があって、その傷をもう手放したいと思うなら、はじめは心に愛を入れてください。何が出てきているかわからなくてもいいのです。ひたすら「愛しているよ」「愛しています」と愛を入れてください。

そのうち、痛みがいっぱい出てくるかもしれません。それが心の傷です。痛みがなくなるまで愛を入れ続けてください。

あまりにも痛みが大きくて耐えられないときは、「どうかこの傷を溶かしてください」と神様に祈ってください。そして、神様からの愛が無限に、いくらでもあなたに流れてくるとイメージしてみてください。

「神様の愛が流れ込んでくる」「わたしは神様の愛に包まれている」。ただそう思うだけで、愛があなたに流れてきます。

愛を入れて痛みを感じなくなったら、傷は溶けていきます。

あとは、傷つけた相手を許すことです。たとえ「もう二度と関わりたくない」と思う相手であっても、その人を許してカルマを解消しておくと、また来世で出会ったとしても良い関係が築けます。逆に、解消しておかないと、今と同じような関係を繰り返してしまう可能性があるのです。

「許せない」という「想い」はあなたを苦しめます。

カルマを解消するためにも、「許せない」に愛を注いで相手を許し、苦しみから解放されましょう。

マイナス思考を何とかしたい

直したいのに直らない癖には理由がある

どんな人にも、ひとつやふたつぐらい、自分の嫌なところや直したいところがあるのではないでしょうか。

魂を浄化していくと、今まで「まあ、しょうがないか」とあきらめたり、見過ごしていた自分の癖や欠点に直面するようになります。

あるとき、マイナス思考を何とかしたいということで、30代の女性Gさんがソウル・セラピーにいらっしゃいました。

Gさんに愛を入れると、「きっと悪いことが起きる」「ダメになる」「何か良くないことが起きるはず」という「想い」が嵐のように吹き荒れ、その嵐の中でGさんの魂がガタガタ震えていました。

わたしの体にGさんの魂の状態が移り、Gさんはまるで自分の魂と対面しているような形になりました。

「怖い！　真っ黒いものが次々に襲ってくる！　お願いだから、悪いことを考えるのをやめて！」とGさんの魂がわたしの口を通してGさんに叫びます。

真っ黒いものというのは、Gさんの「想い」です。マイナス思考をする度に、その「想い」が魂を襲っていると言うのです。

これを聞いたGさんは、「そんな大変なことをしているなんて知りませんでした。どうか許してください。ごめんなさい」と魂に謝りました。これを聞いた魂は、「もうマイナス思考をやめますと決めてください」と言いました。

「そうしたいけど、できるかわからない」とGさん。

魂は、「まず、あなたが決めることが大切です。できるかどうかはその後なのです」と続けました。それを聞いたGさんは、躊躇しつつも、「わかりました。マイナス思考はやめます」とおっしゃいました。

すると、マイナス思考の嵐が止まりました。

今度はGさんに愛を入れて、Gさんの魂に降り積もっているマイナス思考にせっせと愛をかけて溶かしていきます。

しばらく溶かしていると、マイナス思考にしがみついているGさんの「想い」が出てきました。「これがなくなると困る」と言っています。

「マイナス思考がなくなったら、何かが起こったときにショックが大きくて怖い。最悪のことを考えていないと、心構えがないぶん、耐えられないかもしれない」「やっぱりこのままでいい」としがみついているのです。

マイナス思考がやめられない人は、それによって自分を「何か悪いこと」から守ってきたと思っているので、そのガードがなくなったら丸腰になってしまうように感じるのです。ですから、いざ手放そうとしても、なかなか手放せません。
そういうときは、マイナス思考にしがみついている「想い」に「今まで守ってくださってありがとうございます。もうあなたがいなくても大丈夫ですから。今まで本当にどうもありがとうございました」と話しかけて溶かしていきます。

Gさんにも同じように愛をかけ、マイナス思考とマイナス思考にしがみついている「想い」をどんどん溶かしていきました。そして、最後に「どうかマイナス思考と決別できますように」と神様に祈って、セッションが終了しました。

考え方の癖を直すためには、この後の日常生活の過ごし方が重要になります。
長年慣れ親しんだ癖ですから、何かの拍子にまたふっとその癖が戻ってくるのです。

そのときは、まず「またいつもの癖が出た」と気づくことが大切です。気づくことができたら、その度に魂に謝って、出てきた癖に愛をかけて光にかえします。

そして、神様にもう一度「どうか、わたしがこの癖と決別できますように」と祈ります。これを繰り返しているうちに、癖が本当になくなっていきます。

考え方の癖を直したいと思って愛をかけていても、なかなか変化がないときは、あなたが無意識のうちに、その癖にしがみついているのかもしれません。

ですから、あなたが本当にその癖を手放す決意ができているか、自分の心をよく観察してみてください。

そして、決意できていなかったときは、その癖を手放すことは怖くないんだよと、自分に愛を持って語りかけてみてくださいね。

上司と折り合いが悪い

カルマを解消して職場の人間関係を改善する

外資系企業にお勤めの30代の女性Hさんがソウル・セラピーにいらっしゃいました。

プレッシャーの中で仕事をこなしていくのは、かなりつらく厳しいことですが、達成感がたまらなくて日々がんばっているそうです。

ただ、最近何だか調子が上がらない。

Hさんによると、「外資系の会社というのは、常に自己主張をしっかりしないとちゃんと評価されない」とのこと。

Hさんも常に自分の意見を主張していたのですが、上司と意見がいつもぶつかって、上司とのやりとりが精神的にかなり負担になってきたとのことです。

Hさんの心に愛を入れていくと、「つらい」「嫌だ」という「想い」がたくさん出てきました。それらをどんどん溶かしていくうちに、その上司と一緒だった前世が出てきたのです。

前世で、ふたりは今と逆の立場でした。Hさんが上役で、今の上司が下官として働いていたようです。

当時のHさんは、ワンマンで人の意見に耳を貸さない性格。そして、何かにつけて「気に食わない」からと、下官を殴っている様子が伝わってきました。

当時の下官だった上司は、殴られても我慢して、怒りをグッとこらえています。

そのときの「怒り」や「あいつの命令に従うのは嫌だ！」という「想い」が今の人生に影響を及ぼしていたのです。

もちろんその上司は、自分が前世の影響を受けているなんて露ほども知りません。当時の彼の「怒り」を溶かすために、Hさんに上司を思い浮かべながら謝ってもらいました。

すると、数日後にHさんからメールが届きました。何と、あれ以来上司とは関係が良好とのことです。

苦手な人というのは、前世での関係が良くない場合が多いです。ですから、「絶対に相手が悪い!」「向こうが間違っている!」と思うときでも、試しに謝ってみませんか?

そうすることで、あなたを苦しめる人間関係に変化が訪れます。

母親とうまくいかない

カルマを解消して親子関係を改善する

母と娘の関係があまりうまくいっていないという親子は、思いのほかたくさんいらっしゃいます。

「小さい頃に母に愛されなかった」と言って苦しんだり、嘆いたり、母親を責める女性が数多くいるのです。そして、娘から「子どもの頃に愛してくれなかった」と責められて苦しんでいる母親も多いのです。

ソウル・セラピーに、30代の女性Iさんがいらっしゃいました。

すぐに落ち込んだり、不安になったり、怒ってしまったり、とにかく精神的に不安定という様子でした。そして、「人生が苦しい」「母とうまくいっていない」「子どもの頃に母親に愛されなかった」とおっしゃいます。

さっそくIさんの胸に手を当てて心に愛を注いでいくと、母親への「怒り」と「寂しさ」があふれ出てきました。

「どうしてお兄ちゃんばっかり大事にして、わたしのことは見てくれないの!?」

「わたしだって、ちゃんとやっているのに!」

「もっとわたしのことを認めてよ!」

母親への「怒り」はとどまるところを知りません。子どもの頃からの感情が爆発し、あふれ出てくる「想い」を、せっせと愛で溶かしていきます。

感情の爆発がようやく落ち着いた頃、Iさんは静かに母親への恨みを口にし始めました。

「わたしが苦しんでいるすべての原因は母なんです」

「母には本当に愛されなかった」

「母のことが本当に大嫌い」

そして、「子どもの頃にどんなに苦しかったか、今までどんなにつらかったのか、一度母に話したことがあるんです。でも、母は私が苦しんでいたことを全然わかってくれない。『何を言ってるの⁉　あなたのことはちゃんと愛していたわ』と平気で言うんです」と泣きながら話されました。

そのうち、「わたしのことを愛してよ！」と母親の愛を求める「想い」が出てきました。この「想い」にも愛を注ぎます。

母親への「怒り」や「寂しさ」や「恨み」を溶かしていくと、今度は母親からの愛がどっと流れ込んできたのです。そして、Ｉさんが母からの愛が強すぎて受け止められず、押し潰されている様子が伝わってきました。

どうやらＩさんの求める愛の形と、母親の愛情表現が食い違っていたようです。細やかな愛情を求めていたＩさんに対して、母親の愛は力強く、繊細さに欠けていたために、Ｉさんは「母親に愛されなかった」と受け取っていたようです。

その後に、「お母さんの言う通りには絶対にしない！」と反発する「想い」が伝わってきました。その「想い」を溶かすと、今度はＩさんの前世が出てきました。

時代はいつかわかりませんが、戦争中です。ＩさんもＩさんの母親も男性で、同じ隊に所属しています。母親は上官で、Ｉさんはその次の階級で作戦実行部隊のトップのようです。

戦争の作戦を練る際に、Ｉさんは上官の作戦に疑問を感じて意見したものの取り入れてもらえず、Ｉさんは現場の指揮官として上官の作戦を実行することになりました。

ところが、その作戦は敵に裏をかかれて見事に失敗し、Ｉさんは自らの命だけでなく、多くの部下の命も落とすことになってしまったのです。

「あのとき、自分の意見をもっとしっかり押し通すべきだった！　自分のせいで、多くの部下の命を失わせてしまった！　上官の意見を鵜呑みにするのではなかった！」という深い後悔の念が伝わってきました。

もうひとつ、別の前世も出てきました。

今度は女性です。お城で暮らしているのですが、そこはとても冷たくて、しーんと静まり返っています。

Ｉさんはその城の城主の夫人ですが、城主である夫が非常に冷酷な人嫌いで、

Iさんが人を呼んで賑やかに過ごすことを許しません。そのため、とても寂しく過ごしています。

当時のIさんの父親が今のIさんの母親であり、城主が冷酷な変人という噂を耳にしながらも、城主の財産が娘を幸せにするだろうと信じて、この縁談を強引に推し進めたのでした。

このように、母親の言う通りにして命を落としたり、不幸な結婚をした前世の記憶が、「お母さんの言う通りには絶対にしない！」という「想い」を作っていたのです。

Iさんは、自分がなぜ母親に反発ばかりしてきたのかがわかって、納得した様子でした。そして、「お母さんの言う通りには絶対しない！」という「想い」がどんどん溶けていきました。

その後は、お母様と自然に接することができるようになり、お母様も驚いていたそうです。

もし、あなたが「母親は愛してくれなかった」という「想い」を抱いているなら、自分の中にある「愛してくれなかった」という「想い」に愛をかけて溶かしてください。

それでも「愛されなかった」という「想い」がぬぐえない人は、神様の愛が心と魂に入るとイメージしてください。神様の愛は、母の愛のように、そして母の愛よりも大きくて温かいのです。

時間はかかるかもしれませんが、やがて「愛されなかった」という「想い」がなくなります。あきらめずに愛を入れ続けてくださいね。

反対に、あなたが娘さんから「愛してくれなかった」と責められているなら、娘さんにとにかく謝ってください。

娘さんは、「愛してくれなかったこと」について、とにかく謝ってほしいのです。そして、その上で無償の愛を母に求めています。

ですから、「ごめんなさい」と謝りながら愛を送ってくださいね。

親子関係が良好でないときは、前世で傷つけ合ったり、仲たがいをしていることがよくあります。ですから、もしかしたら前世で娘さんを傷つけたのかもしれないと思いながら、謝るようにしてください。

そして、できれば娘さんが納得するまで、娘さんの目の前で何分でも何十分でも「ごめんなさい」と心を込めて謝ってほしいのです。そうすると、娘さんの中にある前世の「想い」も一気に溶けて、カルマを解消しやすいからです。

カルマを解消すると、相手の一言一句にひっかかっていたのが嘘のように、自然に一緒にいられるようになります。

そうなる日が来るのは夢ではありません。自分に愛を入れながら、娘さんに謝り続けてみてください。

魂は家族を選んで生まれてきています。あなたの魂が、今の両親を選んで生まれてきたのも、前世からの関係に基づいています。

その当時仲が良かったり、悪かったり、傷つけ合ったり、助け合ったりしたことから、今回は恩返しをしたり、償いをしたりと関係性もさまざまです。でも、究極的には「魂を磨くこと」が目的なのです。

魂が選んだ家族だと思って、改めて家族との関わりを見直してみませんか？

もし、あなたが家族のことで苦しんでいるとしたら、それは、前世の償いをするチャンスなのかもしれません。

「愛しています」「ごめんなさい」「ありがとう」「許します」と心を込めて思ってみてください。カルマを解消すると、本当に関係が変化していきますよ。

夫婦仲が良くない

カルマを解消して夫婦関係を改善する

さきほど、わたしたちの魂は両親を選んでこの世に生まれてきたというお話をしましたが、魂が選ぶのは親だけではありません。あなたが選んだと思っている結婚相手も、本当は魂が引き合わせているのです。

結婚はこの世の修行といわれますが、魂が選んだ人と身近に過ごすことで、心も魂も鍛えられるのです。

「夫婦の会話がほとんどない」「家庭内別居みたいな状態です」「わたしたちはまったく合わないんです」「離婚したい」という人がソウル・セラピーを受けると、

ほとんどの人が前世で今の相手と夫婦をしています。それも一度や二度ではありません。

仲の良い夫婦が何度も前世を共にしているならともかく、今すぐにでも離婚したい相手と何度も前世で夫婦だったと聞くと、皆さん大変驚きます。

あるとき、ソウル・セラピーに40代の男性Jさんがいらっしゃいました。

結婚10年目で、奥様と一緒に自営業をしています。そのため、奥様と過ごす時間が多いのですが、奥様がJさんに文句ばかり言うため、Jさんはすっかり嫌気が差しているようでした。

「妻があまりにもうるさくて参っています。何とか妻と離れていたくて、口実を見つけては外に出ています。こんな妻でも、前世で自分と関係があるのでしょうか？」

「この世で会う人はたいてい前世で縁のあった人です。結婚するというのは、かなり深い縁があると思いますよ」

そう言いながら、Jさんの胸に手を当てて心に愛を入れ、胸に詰まった「想い」を溶かしていきます。すると、Jさんの苦しさが伝わってきて、苦しくてたまりません。おまけに、奥様の怒鳴り声も伝わってきます。それらを溶かし、次々光にかえしていくうちに、前世の「想い」が出てきました。


今の奥様が17~18歳の女性でしょうか。大きなお屋敷の庭でひとり泣いています。Jさんは、この大きなお屋敷のご主人のようです。

ご主人は、この年の離れた若い女性を見初めて結婚したようですが、付き合いが忙しく、なかなか奥様と一緒にいることができません。

奥様が他の男に取られはしないかと心配で監視をつけることにしたので、奥様はいつも誰かの視線を感じています。自由にどこへでも行くことはできるのですが、常に視線を感じるのです。奥様はそんな環境に息苦しさを感じ、毎日泣いて暮らすようになっていたのです。

また別の前世も出てきました。今度もふたりは夫婦です。Ｊさんが外に愛人を作っていて、家にほとんど帰ってきません。奥様はひとり寂しく、ひたすらＪさんの帰りを待つ毎日を送っていました。

それだけでなく、他にもいくつかの前世が出てきました。

「こんなにたくさんの前世で夫婦をしていたんですか？　驚きです。わたしたちは本当に相性が悪いと思っていたので、まさかここまで何度も夫婦をしていたなんて、夢にも思っていませんでした」

この夫婦は、魂が関係を改善させようとして何度も引き合わせられているのですが、その度にうまくいかずに相手を傷つけてしまっていたのです。

離婚を考えている人がいらっしゃると、今の相手と夫婦だったという前世が何度も出てきます。そして、魂はたいてい「別れないでほしい」と訴えます。うまくいかないということは、そこに解消すべき「想い」があるからともいえるのです。

魂は、その相手と一生を共に過ごすことで、前世から残っているお互いの「想い」を解消しようと計画しています。

ところが、それを「離婚」という形で途中で放棄してしまうと、魂は宿題をやり残したことになってしまいます。

そのため、宿題が残っている相手と別れるには非常に大きな労力を要します。離婚協議が長引いたり、離婚しても縁が切れない状態になることが多いのです。

相手があなたに対して怒っているなら、魂は、あなたが相手に「ごめんなさい」と謝ることをすすめます。怒られるような心当たりがまったくなくても、前世であなたが相手をひどく苦しめていたのかもしれません。

ですから、相手が訳もなく怒るときは、心の中で「ごめんなさい」と謝ってみてください。そうすることで、相手の魂に残った「怒り」のエネルギーを解消することができます。


魂は、すべての離婚に反対しているわけではありません。本人が固く離婚を決意しているときは、魂は相手の魂に愛を送るようにと言います。

「そんなこと絶対にできない」と言う人も多いですが、相手の魂に愛を送ることで、カルマを解消することができるのです。

そして、ふたりの前世からの「想い」が解消すれば、魂が別れることに同意してくれて、離婚があっさり成立することもあります。

また、それまでの結婚生活で相手にとことん尽くしたことで、すでにカルマの大半が解消しているときは、魂が離婚に同意することもあります。

結婚相手は、あなたが選んだと同時に、あなたの魂が選んだ相手でもあるのです。ですから、相手がどんな人であっても、どんなに相性が悪いと感じても、魂が成長するために選んだ相手として見るようにしてみませんか？

自分たちふたりは何を解消すべきなのかと視点を変えることで、今までとは違う景色が見えてくるかもしれません。

ふたりの前世の「想い」を解消することで、「前世の関係の解消」ということ以上に、魂が学びを得て成長します。魂の人格とでもいうべき霊性が向上していきます。そして、魂はさらに輝きを増していきます。

それが家族ひとりひとりの魂に波及し、さらにはあなたの会社や子どもの学校など、社会へも広がっていきます。

つまり、前世の「想い」を解消すると、めぐりめぐってまわりの人の魂の成長にも貢献できるのです。

馬が合わない人がいる

魂は苦手な人を引き寄せる

職場や学校、バイト先やＰＴＡや趣味の会など、どんなコミュニティであっても、深く付き合うようになる人もいれば、その場だけのお付き合いになる人も出てきますよね。

その場だけのお付き合いなのに、いろいろと注意されたり、気にさわることを言われたり、何だか馬が合わない……。そういう人っていませんか？

そういう人との関係も、みんな前世のカルマが原因なのかというと、そうでもありません。今生であまり親しくならない人とは、前世でもそれほど深い関係ではないことが多いのです。

では、なぜ魂は、たいして縁もない人と引き合わせるのでしょうか？　それにはカルマの解消とはまた違った意味があるのです。

30代の会社員の女性Kさんがソウル・セラピーにいらっしゃいました。

職場の人が愚痴ばかり言っていて、聞きたくないのに耳に入ってくるのでつらくなる、体の調子まで悪くなる気がする、もう辞めたいとこぼしていました。

Kさんの胸に手を当てて愛を注ぐと、「あ〜あ、今日も文句ばっかりでうるさいなあ。どうしてもっとまともなことが言えないんだろう？」という「想い」が大きなため息と共にあふれ出てきました。

それから、「そんなに愚痴ばっかり言わないでほしいなぁ」「もう少し感謝とかできないのかなぁ」「もっと楽しい話がしたいなぁ」など、まわりの人たちに注文をつけている様子が伝わってきました。

しばらくそれらの「想い」にせっせと愛をかけて溶かしていると、次第にすっきりとしてきました。そして、次のようなメッセージが伝わってきたのです。

「これはね、全部あなたの中にあるものです。あなたの職場の人たちは、みんなあなたの鏡です。あなたの愚痴や文句を言う癖を、職場の人が見せてくれているだけなのですよ」

Ｋさんに魂からのメッセージを伝えると、一瞬びっくりしたようでしたが、ちょっと考え込んでから「そうかもしれませんね」とおっしゃいました。


まわりにいる不愉快な人というのは、実は、自分の中のネガティブな「想い」を刺激して表に出してくれている人なのです。

ですから、魂は「ネガティブな『想い』に気づかせてくれてありがとう」と感謝しているくらいです。

苦手な人と接することによって、魂にこびりついているいろいろな「想い」を浮き上がらせることができるので、魂はあえてそういう人をあなたのそばに引き寄せているのです。

そう考えると、苦手な人がいるということは、あなたにとって成長のチャンスです。ですから、苦手な人を敬遠するのではなくて、しっかり観察してみてください。


どういうところが苦手なんだろう？

その「想い」は自分の中のどこにあるのだろう？


そして、見つけた「想い」に愛をかけて溶かし、光にかえしましょう。

時間はかかるかもしれませんが、そうすることで、心の奥にある魂がどんどん輝き始めます。そして、魂からのメッセージをより強く感じることができるようになるのです。すると、悩みがなくなって、魂の望む方向に歩んでいくことができるようになりますよ。

愛する人を亡くした悲しみから立ち直れない

残された人が悲しんでいると魂は旅立てない

魂は永遠の存在であり、肉体はこの世にいる間の借りもの、と頭ではわかっていても、愛する人がこの世を去ってしまうのは、やはりつらく、悲しいものです。

残された家族は大きな喪失感を抱き、喪の悲しみを癒すにはどうしても時間がかかります。

ソウル・セラピーにも、お子さんや奥様、ご主人など、身近な肉親を亡くし、喪の悲しみを抱えた方がときどきいらっしゃいます。

あるとき、一年前にお嬢さんを亡くされて喪失感に打ちのめされていた60代の女性Lさんがいらっしゃいました。

ご主人を早くに亡くされて、母ひとり・子ひとりで育ててきたお嬢さんは、まだ30代。これからというときに、突然病気で亡くなったそうです。

Lさんは、それから毎日泣いて暮らし、何もやる気が起きず、早くお嬢さんのところへ行きたいと嘆いているとのこと。Lさんを心配したお友だちが、見るに見かねてソウル・セラピーに連れてきてくださいました。

セッションが始まると、すぐにお嬢さんの魂がそばにいるのがわかりました。

Lさんが嘆き悲しんでいるので、心配で心配で、光の世界にかえれずに、ずっとLさんのそばにいたようです。

そのうち、お嬢さんの魂の「想い」が伝わってきました。

「お母さん、そんなに嘆かないで。お願いだから、もうこれ以上悲しまないで。わたしが病気になったのも、病気に気づかなかったのも、お母さんのせいじゃないし、これで良かったのよ。わたしはお母さんの子どもで本当に幸せだった。本当に幸せだったの。こんなに大きくなるまで育ててくれて、本当にありがとう。わたしのことでお母さんの人生を棒に振らないでほしい。お母さんはお母さんらしく、今まで通り元気に仕事をして、たくさんの人と楽しんでほしいの」

お嬢さんの魂の「想い」を、Ｌさんは涙をぬぐって何度も何度もうなずきながら、聞いていらっしゃいました。

「あの子がそう言うなら、わかりました。あの子の言う通り、あの子に恥じないように、これからは仕事をしっかりやっていこうと思います」

それからしばらくして、Ｌさんのお友だちから「あれからＬさん、すっかり気を取り直して、昔のように元気に働いていらっしゃいます。ありがとうございました」とご連絡をいただきました。

肉親を失う悲しみは、どんなに頭でわかっていても、実際に経験すると想像以上につらいものです。

まして、子どもが親よりも先にこの世を去ってしまうと、残された親は胸が引き裂かれるほどつらいことでしょう。

そのつらさは、亡くなった方も同じです。死というのは、肉体を離れただけで、心も魂もそのままです。そして、こちらからは姿が見えず、声も聞こえなくとも、あちらにはこちらの様子が全部わかっています。

わたしたちの魂は、肉体を離れてしばらくすると光の世界へと旅立っていき、今度は光の世界から、自分の身近な人（子どもや家族）を見守ることが多いようです。

セッションでも、ご先祖様の魂がアドバイスをくださったり、愛を送ってくださったりすることがよくあります。

ところが、亡くなった方がこの世に執着していたり、霊の世界を信じていないと、光の世界にはなかなかかえれません。

また、亡くなった方がこの世に執着していなくても、残された家族や恋人など、身近な人の悲しみが深いと、その悲しみが足かせとなって、光の世界にかえれないのです。

魂の故郷は光の世界です。あなたの愛する人に安心して故郷にかえってもらうために、あなた自身に愛を注いで悲しみを癒しませんか？

あなたが悲しみから立ち直ることが、一番の供養になるのですから。

なぜか応援してくれる人がいる

【正のカルマの働き】

関係が良くない人がいる一方で、「あの人はどうしてこんなにわたしのことを気にかけてくれるのだろう？」とこちらが不思議に思うほど、面倒を見てくれたり、何かと助けてくれる人もいたりしませんか？

その場合、前世であなたがその人のお世話をしていたことが多いのです。

ソウル・セラピーをしていると、何かと自分を引き上げてくれる上司を、実は前世で心を込めてお世話をしたことがあったというケースがしょっちゅうあります。

派遣社員として働いている30代の女性Mさんがソウル・セラピーにいらっしゃったときもそうです。

会社から契約打ち切りの話が何度か出ているのですが、その度に上司が会社と掛け合ってくれて、ひとりだけ契約が延長されているというのです。

愛を注いでいくと、その上司の前世の「想い」が出てきました。孤児だった彼をMさんが引き取って育てていたようです。

そのときの「本当にありがとうございました。あなたのお陰でわたしはとても幸せに過ごせました」という「想い」が伝わってきました。

このように、前世のあなたから受けた恩を、今生で返してくれる人がいるのです。

不思議なほど自分を応援してくれる人がいると、自分もいつかその人のように、まわりの人を応援しようという気持ちになりますよね。

そうやって魂は、前世でお世話になった人に恩返しすることで、「人に親切にする」「困っている人の面倒を見る」など、愛のある行為をまわりへ波及させ、自分だけでなく、まわりの人の魂の浄化にも貢献しているのです。

こうやって、ひとりひとりの魂の浄化が進むことで、世の中が変わっていくのです。

インスピレーションがわいてくる

［神我《しんが》の芽生え］

魂の浄化が進むと、心を騒がす「想い」を自分で溶かすことができるようになります。すると、魂に愛と光が届くようになって、魂が大きく成長し始めます。そして、それと同時に、魂の奥に神様の部分である「神我」という領域が芽生えてきます。

会社で新人研修と採用を担当されている30代の男性Nさんがソウル・セラピーにいらっしゃいました。

Nさんは魂の浄化に興味を持っていて、定期的にセラピーに通ううちに神我も芽生え始めました。

ある日、セッションで愛と光を魂に入れた後、Nさんの魂から「あなたが関わっている人たちに、希望の光を届けてくださいね」というメッセージが伝わってきました。

Nさんは、その後すぐに、会社の新入社員向けに「希望の光」という社内報を作成したそうです。「『希望の光を届けて』と言われて、ふと思いついたんです」とのこと。

会社でもとても好評だそうです。


魂を浄化していくと、Nさんのようにインスピレーションがわくようになってきます。さらに、神我が芽生え、大きくなってくると、自分の中に神がいることを感じられるようになり、大いなる神と内なる神がつながっていることも感じられるようになります。


そうなると、一時的に「想い」に振りまわされることはあっても、すぐにそれを溶かし、再び平穏な心の状態に立ち戻ることができるようになります。

そして、何よりも、自分の中に本来の姿である魂を感じられるので、日々の不安や恐れがなくなり、平安な気持ちで過ごすことができるようになるのです。

あなたが心配や恐れや不安から解放されて、本来のあなたでいられるよう、心に愛を入れて光を注いでください。魂に愛を入れて光を注いでください。

あなたの魂を覆っている「想い」を溶かして光にかえし、魂からのメッセージを受け取りましょう。

第5章

魂を輝かせながら生きるために

魂の状態をチェックする

自分の本当の姿である魂を感じながら生きていきたいと思うなら、日頃から魂の状態をチェックすることが大切です。

ダイエットをしている間は、毎日体重計に乗って体重の変化を見逃さないようにしますよね。誰しも、ついつい自分には甘くなってしまうものですが、体重計に乗り、結果を数字として認識することで、甘くなる自分にストップをかけることができます。

魂をチェックするのも同じことです。自分で自分の魂の状態をチェックすることができれば、魂の曇りにすぐに気づいて、きれいにすることができます。

また、心と体は魂の影響を受けますから、魂が曇っていると、心身のトラブルや人間関係のトラブルなどが起こります。ですから、トラブルが続くときは魂が曇っていると見ることもできます。

でも、トラブルが起こってからでは遅いので、魂がきちんと輝いているかどうかをすぐにチェックできる方法を三つご紹介しましょう。

1　鏡で目の輝きをチェック

「目は心の窓」と言いますが、実は心の奥底にある魂の窓にもなっています。目を見ると、自分の状態が大体わかるのです。

目がイキイキしているか、それともうつろか、目の輝きが消えていないか。毎日、鏡を見る度に目を見てチェックしましょう。

2　部屋の中をチェック

自分の身のまわりがきちんと整理され、清潔に保てているかどうかを見るようにしてください。部屋が散らかり始めたら、あなたの心も魂にも余計なものが増えてきているはずです。心や魂がきちんと整っていると、自分のまわりもきれいに整えたくなるものです。

3　自分が発する言葉をチェック

不平や不満ばかり口にしているときは、魂が「想い」に覆われている可能性が高いものです。魂がきちんと輝いていると、喜びや感謝の言葉が自然と口から出てくるようになります。

自分が不平や不満を口にしていることに気づいたら、その「想い」を人や自分に向けるのをやめましょう。その「想い」に愛をかけて溶かしてください。

それ以外でも、どんなことでもいいのです。

肩が凝ったときという人もいれば、睡眠時間が少なくてもちっとも眠くないときがオカシイという人もいるし、あれこれ妄想に入り込んだときが変だという人もいて、バロメーターは人それぞれです。

魂チェックのバロメーターを見つけるためにも、自分自身の生活を観察してみてください。すると、魂が「想い」に覆われてきたときの変化がわかるようになってきます。そして、少しでも「オカシイかもしれない」と感じたら、たいていその勘は当たっています。

心身の病気、人間関係のトラブルを未然に防ぐには、この「オカシイ」に少しでも早く気づくことが大切です。

魂が曇っている状態が長引くと、その状態が当たり前になってしまい、自分では気づきにくくなってしまいます。

では、「魂チェック」をして、「もしかしてオカシイかもしれない！」と感じたときはどうすればいいのでしょうか？

魂の輝きが曇っているのですから、その曇りの原因となっている「想い」を溶かすだけです。

魂を浄化する四つの言葉「愛しています」「ごめんなさい」「ありがとう」「許します」と、心と魂に愛と光を入れることで、「想い」を溶かしていきましょう。

自分を責めない

「本当はこんなことしたくない」と思っているのにしてしまったときや、反対に、「本当はこういうことをしたい」と思っているのにできなかったときに、「あ~あ、どうしていつもこうなんだろう」と、思わず自分を責めたくなりますよね。

自分を責めることで、気持ちはおさまるかもしれません。でも、自分を責めるということは、自分の心をボコボコに殴っているのと同じなのです。

ですから、自分を責め続けていると、心が防御のために固まってしまいます。

心が固まると、喜怒哀楽を感じなくなります。そして、体も固くなります。

その結果、うつ状態になってしまうこともあるのです。

自分を責め続けるのはやめましょう。自分を責めてしまったとしても、気づいたときにやめるよう心がけましょう。

自分を責める人に対して、魂はいろいろとメッセージを送ってくれています。

「自分を責めて、何か良い結果が生まれたことはありますか？」

「自分の言動を反省することと、自分を責めることは別ですよ」

「『罪を憎んで人を憎まず』です。自分に対しても同じなのですよ」

「自分を責めるのをやめてください」

何かにつけて自分を責めてしまう人は、それが癖になっていますから、なかなかやめられないかもしれません。

でも、あなたが思っている以上に、「自分を責める想い」はあなたに負荷をかけています。ですから、責めている自分に気づいたら、その「想い」に、気持ちを込めて「愛しているよ」と声をかけ続けてください。
あきらめないで少しずつでも溶かしていきましょう。根気良く続けていると、
やがて心がほぐれて、体も軽くなっていきますよ。

すべては神様の導きだと考える

魂を浄化しようとするときに一番大切なのは、自分自身の心のあり方です。

今あるものは、すべて神様が与えてくださったものだと思うことはできますか？　今のあなたが置かれている環境も、あなたの能力も、財産も、家族も。

あなたが今、自分が望んでいた状況にあるのであれば、それらを手に入れるために一生懸命努力したと思っているかもしれません。

反対に、あなたが今、自分が望んでいなかった状況にあるのであれば、なぜ自分はこんなにダメなのだろうと思っているかもしれません。

どちらにしても、今のあなたの状況を神様の導きだったと考えてみるのです。

「自分ひとりの力でがんばってきた」という自負があると、なかなかそうは思えないかもしれません。でも、容姿や生まれ育った家庭環境などは、自分の力ではどうにもならないものですよね。ですから、今あるもののベースは神様から与えられていて、それらを生かした結果が、今であるともいえるのです。

反対に、「自分は何もできない」「こんな自分はダメだ」と自分に不満を持っていたとしても、自分を責めたり、否定しないようにしてください。自分を卑下するという行為は、あなたが思っている以上に自分を傷つけています。

ですから、自分を丸ごと「ダメだ」と否定しないで、「すべて神様が与えてくださっているのだとしたら、ここから何か学ぶものがあるはず。いったい何を学べばいいんだろう？」と考えてみてください。

「すべては神様の導きだ」と思えるようになると、自分を誇ることも卑下することもなくなり、いつも謙虚でいられるようになれます。このような心の状態でいられると、余計な「想い」が生まれないので、魂がとても喜ぶのです。

自分を守ろうとしない

会社や学校や趣味のサークルなど、ごく身近な仲間うちでも、わたしたちはいつも批判や評価にさらされて生きています。

そのため、自分を守ろうとして、正当性を主張したり、批判をかわそうとしたり、良い評価を得ようとしてしまったりします。

でも、自分を守ろうとすればするほど、「わたしは間違っていない！」「わたしはちゃんとやっている！」と自分の正しさを主張することになり、結果的にまわりの人を「あなたは間違っている！」と攻撃していることになります。

自分を守るつもりの言葉が、まわりの人を攻撃することになるのです。すると、そのうちまわりの人があなたを攻撃するようになってしまいます。ですから、自分を守りたいなら、自分を守ろうとするのをやめた方が良いのです。

「でも、どうすれば自分を守ろうとしないでいられるのかわからない！」というあなた。

自分で自分を守ろうとするのではなく、神様に自分を明け渡すと考えてみてください。肩の力をふっと抜いて、自分の体に神様の力がみなぎるようなイメージを描いてみるのです。

「自分で自分を守る」のではなくて、「神様が守ってくれる」と思えると、自分を守る必要がなくなるので、本当に楽になります。

自分を「想い」で武装することがなくなり、自然体で人と一緒にいられるようになります。

自分を手放すことができると、あなたの心も魂も、とても軽くなりますよ。

ありのままの自分を隠さない

ありのままの自分を隠して、自分を良く見せようとすればするほど苦しくなります。

それは、魂が、「良く見せたい」「こんな自分は嫌だ」という「想い」に覆われてしまうからです。

ありのままの自分を隠したくなるのは、隠しておきたい醜い「想い」があるからです。「わたしは特別」「わたしには関係ない」「勇気がない」「自分さえ良ければいい」「バカにされそうで怖い」「バカみたい」等々……。

でも、それらの醜い「想い」を隠そうとすればするほど、まわりの人はその不自然さを敏感に感じ取ってしまうものです。

つまり、自分を良く見せようと努力したとしても、まわりの人の目にはそう映らないのです。

ですから、醜い「想い」を抑え込むのはやめましょう。

そんな自分を隠したり、嫌うのではなく、醜い「想い」そのものに焦点を当てて、愛と光で溶かしましょう。

そして、あなたの本当の姿である、魂の輝きを信じましょう。

醜い「想い」がわいてくる度に溶かし続けていると、「想い」の全体量が減ってきます。

すると、隠したい「想い」自体がわき上がってこなくなり、自分自身を変えていくことができるのです。

自分を大切にする

自分を大切にするというのは、とても難しいことです。

自分を大切にしすぎるのも、犠牲にするのも、魂にとってはＮＧ。その中間のニュートラルな位置にいるのが良いのです。

自分を大切にしすぎると、まわりの人に我慢を強いることになり、人間関係にひずみが生じます。また、自分を大切にしてくれない人を攻撃したり、恨んだり、はたまた、その人に裏切られたと思い込んで勝手に傷ついたりして、自分にとってもあまり良いことがありません。

その一方で、自分を犠牲にするのは良いことだと思われがちですが、実は少し違います。いつも自分を押し殺して家族や友人を優先させてしまうと、自分の魂を無視していることにもなるのです。

「わたしさえ目をつぶれば」「僕が我慢すればいいんだ」。そう思って、自分を押し殺してその場をやり過ごしたとしても、また同じようなシチュエーションに遭遇します。そして、それは、あなたが自分を大切にできるようになるまで続くでしょう。

自分を押し殺していると、自分の気持ちにふたをし続けることになり、あなたの魂は成長するどころか、苦しみに覆われ、埋もれてしまいます。

もしかしたら、前世でも同じことをしてきたのかもしれません。ここで断ち切らないと、来世でもまた同じように魂を苦しめてしまうことになります。

そうならないためにも、自分をきちんと大切にする勇気を持ってください。

勇気を持って目の前のことに向き合ってください。

あなたの魂を救えるのは、あなただけなのです。

物事をコントロールしようとしない

わたしたちは、「こうなったらいいな」「ああなればいいのに」と何かと現実をコントロールしたいという想いに駆られます。

そして、それが叶わないと、とても苦しくなります。

「あの学校に合格したい！」

「あの会社に入りたい！」

「昇進したい！」

「新しい家に引っ越したい！」

「恋人がほしい！」

「お金がほしい！」

「結婚したい！」

「子どもがほしい！」


物事をコントロールしようとすると、欲を増大させ、執着を強くすることにつながります。「こだわり」と言ってもいいかもしれません。

物への執着、お金への執着、地位への執着、名誉への執着、仕事への執着、人への執着……。いろいろありますね。


これらの執着が原動力になることもあるでしょう。でも、魂にとっては、これらの執着は重荷です。

なぜなら、地位・財産・名誉など、自分の外にあるもので自分の価値を高めようとすると、その執着が魂のまわりを覆ってしまうからです。

自分の存在価値を自分の外にあるものではなく、自分自身の成長に求めてみましょう。

地位・財産・名誉・仕事・人など、あなたを飾るさまざまなものであなたの価値をつくり上げるのは、もうやめましょう。魂を輝かせていれば、あなたに必要なものは、すべて与えられます。

あなたの魂をもっともっと信じて、心の中に深く根を下ろしている執着に愛をかけてください。

そして、「もうこのことには、こだわらない。コントロールしようと思わない」と決めてください。そして、「執着」に愛をたくさん注いで、こだわらなくなるよう祈りながら、「執着」を光にかえしてみてください。

何かに強く執着しているクライアントさんに、その方の魂は、「物事をコントロールしようとすると苦しくなりますよ。大切なのは、物事をコントロールすることではなくて、そのことをどうとらえるか、なのです。それはあなた次第です。あなたが執着を手放さない限り、あなたの望むことはあなたの手には入ってきませんよ。さあ、このまま手放さないで苦しみ続けますか？　それとも手放して楽になりますか？」と言います。

執着を手放すかどうかの選択権は、わたしたちにゆだねられているのです。あなたの魂が喜ぶのはどちらでしょう？　自分の欲や執着を手放して、魂の喜ぶ方を選択できるようになれるといいですね。

「心配」を「祈り」に変える

わたしたちは些細なことについても、つい心配してしまいますよね。

心配すると、どうなると思いますか？　心配は心配を呼び、不安をどんどんかきたてます。そして、ますます心配と不安でいっぱいになってしまうのです。

そう、わたしたちは心配することで、自分の心配をさらに大きくしているのです。

心配したところで何が生まれるでしょうか？　不安や恐怖や分裂や争いが生まれるだけです。

愛や幸せを求めて心配したにもかかわらず、かえってそこから遠ざかってしまうのです。心配が幸せを呼ぶことはありません。

良いことが続いていても、「このままうまくいくわけがない」「そのうち何か良くないことが起こる」と心配して、自ら不安に陥ってしまう人もいます。そういう人は、どんどん不安を募らせて、最悪のことを想定してしまうのです。最悪のことを考えていると、もっと不安が押し寄せてきます。

心配しても何も良いことはありません。心配は心を重くします。

そして、自分の心を重くするだけでなく、誰かのことを心配していると、相手にもあなたの心配が重くのしかかってしまうのです。

心配を分解すると、「期待」と「不安」です。でも、「不安」の力の方が強いので、心配しているうちに「期待」が小さくなって、「不安」ばかりが大きくなります。ですから、「不安」ばかりにスポットライトを当てないで、「期待」にフォーカスしましょう。

「期待」にフォーカスするというのは、「病気が治って元気になりますように」

とか、「仕事がうまくいきますように」などと祈るということです。

「祈り」の力は大きいのです。『栄養医学ガイドブック——サプリがもたらす健康の回復』（柏崎良子著・学習研究社）によると、アメリカの代替療法ベスト10のうち、1位と2位が「祈り療法」（1位は自分の健康のために自分で祈る。2位は自分の健康のために他の人に祈ってもらう）となっているそうです。それくらい、「祈り」の力は大きいものなのです。

あなたの「心配」を「祈り」に変えることで、あなたやあなたの心配している誰かを神様が助けてくださるのです。

あなたの心配は神様にお任せしましょう。心配から離れて、心と魂に愛と光を入れて、ゆったりと祈りましょう。

思い悩まない

家族のこと、仕事のこと、健康のこと、恋人や友だちのこと、自分の将来のこと……。悩みは次から次へとわいてきて、キリがありません。

セラピーで、思い悩んでいる方に愛を入れると、その方の悩みで「ずんっ」とこちらの体が重くなります。悩みには重さがあるのです。

つまり、あれこれ思い悩んでいると、その悩みによって心も体も重くなっているということです。

思い悩む人は、考えることに価値があると信じています。

時間をかけて考えた結果が、最初に思いついていたことと同じでも、その思いつきの裏付けが必要なのです。

「これはこうなったらこうだ」「ああなれば、こうなってああなる」と、それはそれはたくさん考えます。

でも、未来をすべて想定するなんて、到底無理な話です。

「もしこうなったら……」とあらゆる想定を積み重ねていくうちに、息苦しくなって行き詰まってしまいます。

特に人生についての悩みは、一度考え始めると歯止めがきかなくなります。

「わたしは何をすればいいんだろう？」

「わたしは何の役にも立っていない」

「わたしは何のために生まれてきたのだろう？」

魂は、いつでも、誰に対しても、「思い悩まないでね。思い悩んでも、あなたの心と体が重くなるばかりで、何にも良いことはありません。それよりも、自分にたっぷりたっぷり愛を注いでください。すると、あなたの心も体も軽くなって道が開けてきますから」と言います。

ついつい思い悩んでしまう。そんな自分に気づいたら、自分に愛をかけて、今目の前にあることに集中しましょう。

そうすることで、道は必ず開けてきますから！

自分に投げかける言葉を変える

あなたは、いつも自分にどんな言葉をかけていますか？

もし、あなたが不安でいっぱいなら、きっと「もうダメだ」「どうしよう！」「どうすればいいいんだろう」などという言葉ではないでしょうか。

すると、心があっという間に「もうダメだ」でいっぱいになって苦しくなってしまいます。そして、思うように物事がはかどらず「やっぱりダメだった」という結果を招いてしまうのです。

もちろん「もうダメだ」という「想い」をバネにして力を尽くすことで、良い結果が出ることもあります。

でも、そういうときは、「もうダメだ」→「このままじゃいられない！」→「絶対何とかしてやる！」と、自分に投げかけている言葉が変化しているはずです。

自分に投げかける言葉は、とても大切です。

ですから、あなたが「もうダメだ」「どうしよう」を多発しているなら、それらを「絶対大丈夫」「何とかなる」「何とかしよう」など自分の背中を押すプラスの言葉に置き換えてください。

といっても、すぐにできるものではありませんね。ですから、毎日意識的に自分に「絶対大丈夫」「何とかなる」「何とかしよう」と言ってみてください。言葉にして出すと、「想い」の力が強くなります。「言霊」という言葉があるように、わたしたちは、言葉に宿る「想い」の力によって大きな影響を受けているのです。

言葉で、あなたの心が変わり、あなたの行動が変わり、そして結果が変わってきます。「たかが言葉」と思わずに、毎日自分にプラスの言葉で話しかけてみましょう。

話す前に心に愛を入れると、雑念が溶けるので効果的です。

ぜひお試しください。

「当たり前」を少なくして「ありがとう」を増やす

あなたのまわりに、ささいなことにも「ありがとう～!!」と大喜びする人はいませんか？　そういう人って温かくて、いるだけでまわりを明るくしてくれますよね。

天気が良くて気持ち良いとか、友だちがメールや電話をくれたといった何気ないことを「当たり前だ」と思うのと、「ありがとう！」「ありがたい！」と思うのとでは、幸せ度数が断然違ってきます。

わたしも昔は、「そんなの当たり前」と思ってばかりいました。ですから、当然幸せ度数も低いままでした。「つまんないなぁ」が口癖の生活を送っていたのです。
幸せ度数を上げられるようになったのは、神様の存在を感じることができるようになってからです。神様に感謝できるようになると、小さなことにも喜んだり、感謝したりできるようになり、幸せ度数がぐんぐん上がっていきます。

幸せ度数が低いことを、人のせいにしたり、環境のせいにしたりするのは簡単です。でも、人や環境があなたの要求通りに変化したとしても、それが「当たり前」になってしまえば、また別のことに不満を感じ始めます。

今まで「当たり前」と思っていたことを思い返してみてください。そして、それを「ありがとう!」に変えてみましょう。

お母さんがご飯をつくってくれたり、お掃除してくれたら「ありがとう!」。

友だちがあなたの用事に付き合ってくれたら「ありがとう！」。
恋人や友だちや家族があなたの愚痴を聞いてくれたら「ありがとう！」。
そうやって「当たり前」を少なくして、「ありがとう！」を増やしましょう。
幸せ度数がぐんぐん上昇していきますよ。

機が熟すのを待つ

物事が人と同じように進んでいないと、どうしても焦ってしまいますよね。仕事も、恋愛も、結婚も、出産や育児もしかり。

本当はタイミングが人それぞれ違うだけなのです。

それなのに、「自分だけ、まだこんなところにいる」と焦ってばかりいると、先のことばかり心配になり、不安になり、目の前の事柄に腰をすえて取り組むことができなくなってしまいます。

そんなつもりはなくても、つい目の前にあることをおざなりにしてしまうのです。

でも、今の先に未来はあります。今をおざなりにすると、今の続きにある明日も明後日も良いものにはならないでしょう。

ですから、先のことを心配したり、不安に思う気持ちは手放しましょう。

そして、目の前にいる人に心を込めて接しましょう。

目の前にある事柄に、心を込めて取り組みましょう。

心配しなくても、神様はあなたが準備の整ったちょうど良いときにあなたを導いてくださいます。

それは、あなたの思い描いていたタイミングとは違うかもしれません。でも、あなたにとって一番良いタイミングなのです。

焦らずに、慌てずに、今目の前にいる人に、目の前にあることに、心を込めて取り組みましょう。

想像の世界と現実を区別する

不思議なもので、頭の中で「こうだ」と思い込んでしまうと、たとえそれが現実ではなくても、本当にその通りのような気がしてくるものです。

たとえば、「あの人はわたしのことを嫌っている」とか、「わたしのことを一緒にいてつまらないと思っている」とか、「あの人はわたしのことを役立たずだと思っている」などと人の心の中を勝手に想像して、それが現実だと思い込んで苦しんでしまうのです。

たとえ、あなたがその想像や推測に確信を持っていたとしても、それは現実ではないのです。

あなたが思っているのと同じように相手が思っていることは、ほとんどありません。

勝手に「こうなんだ」「ああなんだ」と思い込んでいるだけです。

推測は、あくまで推測です。想像の世界は、やっぱり想像の世界なのです。もう心配ばかりのつらく苦しい世界をつくり出すのはやめにしましょう。

あなたが苦しんでいる世界は、現実の世界ではないかもしれないのです。

頭の中の想像や解釈と、現実に起こっている出来事を区別して、想像の世界に飲み込まれないようにするだけでも、ずいぶん楽になりますよ。

自分を見つめる

物事がうまくいかないときや心がざわついているときは、自分の心の中に何があるのか見つめてみましょう。

そこには何がありますか？　不安？　それとも心配？　思い通りにならないことへの苛立ちかもしれませんね。焦りということもあるでしょう。あるいは、寂しさや孤独感のときもあるかもしれませんね。

心がざわつくときは、心の中に必ずあなたを追い立てる「想い」があります。ですから、うまくいかないことに文句を言うのではなく、何が心をざわつかせているのかをしっかり見つめましょう。そして、その「想い」を見つけたら、「どうしてわたしはこう思うんだろう？」と分析するのではなく、その「想い」に愛をかけて、光にかえしてほしいのです。

日常生活が慌ただしくて、その「想い」になかなか気づけないかもしれません。あれをしなくては、これもしなくては、と思っているうちに、嫌な気分を抱えたまま時が流れてしまうこともあります。

忘れたつもりになっていても、実は心の奥にずっとその「想い」は存在し、嫌な気分も続いてしまいます。そして、ふとした瞬間に、「あれ、まだ嫌な気分がする」と気づいたりするのです。

その嫌な気分に愛をかけて溶かし、光にかえすと、「今までの嫌な気分はいったい何だったの!?」というくらい、晴れやかな気持ちになれます。心に重く沈んでいたよどみがなくなって、すっきりと軽くなります。

心のざわつきに気づいたときは、そこに何があるのかを見つめて、その「想い」に愛をかけてくださいね。

今までの人生に対する見方を変える

あなたは、今までの自分の人生をどう思っていますか？

「ずっと苦労ばかりしてきた」

「いつも誰かをうらやんできた」

「いつも親が反対するから、好きなことは何もできなかった」

「いつも選択を間違ってきたように思う」

あなたがそう思っている限り、あなたの人生はそうだったのでしょうし、これからもそうなっていくでしょう。

ところが、人生は変えることができるのです。それも一瞬にして。

「えっ!? どうして？ どうすれば変えられるの？」と思うかもしれませんね。

もちろん、過去の出来事は変えられません。でも、今までと違う角度から人生を見られるようになると、あなたの人生はまったく別の人生としてあなたの目の前にあらわれます。そう、あなたの見方を変えるのです。

「実は恵まれていたのかもしれない」

「いつもまわりに人がいたように思う」

「わたしが地に足付いた人間になるように教育してくれたのかもしれない」

「やっぱりこれでいいんだと思う」

あなたが自分のことをどう思っているかで、今のあなたの状態が決まります。

自分のことを「不幸な人間だ」と思うと、それがあなたの状態になりますし、「何だかいつも良いことが起きて幸せだなぁ」と思うなら、それがあなたの状態になります。

天国も地獄も今ここにあるのです。どちらを選ぶかは、あなた次第です。

さあ、あなたはどちらを選びますか？

自分をほめる

あなたは自分をほめていますか？　自分をほめるって、何だか能天気な人のように思うかもしれませんが、結構大切なことなのです。

人から認められるのって、うれしいですよね。そう、わたしたちは誰でも、人から認められたいという願望を少なからず持っています。


ところが、人から認められる機会はそんなに多くはありません。

家事や育児や仕事など、あなたが一生懸命やっていても、ご主人や上司からほめられるなんて、滅多にないですよね。

でも、人知れず努力しているうちに、誰の目にも（自分の目にも）見えないところで、着実に力がついています。一歩一歩らせん階段を上っているところなのです。ですから、誰も見てくれない、認めてくれない、と嘆きたくなるときは、らせん階段を上っている自分を認めて、自分を自分でほめてあげましょう。

「自分で自分をほめるなんて、バカみたい！」と思うかもしれませんね。

そう思う人も、試しに「よくがんばった」「よくやっている」と自分に言ってみてください。不思議と心が落ち着いてくるはずです。

なぜかというと、自分を認めるということは、自分に愛を注いでいるのと同じことだからです。「認めてほしい」という「想い」が溶けていくのです。

自分を認めていないと、魂が苦しみます。自分を認めることで、魂もイキイキしてくるのです。

あなたが努力していることは、神様がちゃんとわかってくださっています。

ですから、地道にがんばっている自分を認めて、ほめてあげましょう。

失敗を恐れない

わたしたちは、日々成長する力を持っています。

身体的には二〇歳前後がピークかもしれませんが、精神的には、自分で「ここまで」とピリオドを打たない限り、一生成長できるのです。

精神的に成長するときというのは、自分の力を出し切ったとき、それから失敗したときではないでしょうか。

失敗のない人生なんてあり得ませんよね。それにもかかわらず、失敗を恐れる毎日を過ごしていませんか?

失敗を恐れていると、怖くて全力を出すことができません。力を出し切らないということは、「これでいい」と思っているのと同じです。当然そこから成長することはできません。

ですから、失敗を恐れずに、とにかく何事にも全力でぶつかっていくことがとても大切なのです。

「失敗は成功のもと」といわれています。魂の浄化という観点から見ると、「成功＝魂の成長」です。ですから、「失敗＝魂の成長のもと」だと思えば、恐れるのではなくて、喜んで受け入れることができると思いませんか？

「失敗を恐れる」のは「失敗を怖がっている『想い』」がたくさんあるからかもしれません。それは最近抱いた「想い」かも知れませんし、幼いときのものかもしれませんし、前世で体験したものかもしれません。

いずれにしても、その「想い」を溶かして光にかえしていくことで、「失敗を怖がる気持ち」は次第に薄れていきます。

もし、あなたが「失敗するのは怖い」と思うのであれば、心に愛をかけてあげてください。「想い」が溶けて光にかえると、失敗を怖がらずに行動できるようになりますよ。

自分が変われば
まわりも変わる

わたしたちの心を日々煩わずらわせるのが、人間関係のトラブルではないでしょうか。でも、「わたしは正しい！」「あの人は間違っている！」と主張している限り、トラブルは常に発生して、わたしたちを苦しめます。

あなたを悩ませる人は、あなた自身を映す鏡です。あなたには、相手のどんなところが問題に見えますか？　相手の何があなたを苦しめていますか？

相手があなたを責めてくるなら、あなたも誰かを責めていませんか？
相手があなたを無視するなら、あなたも誰かを無視していませんか？
相手があなたを傷つけるなら、あなたも誰かを傷つけていませんか？

あなたが相手を責めるのをやめて受け入れれば、あなたも人から受け入れられます。

あなたが相手を無視するのをやめて笑顔を向ければ、あなたも人から笑顔を向けられます。

あなたが相手を傷つけるのをやめて優しくすれば、あなたも人から優しくされます。

自分が変わればまわりも変わる。これはもう誰もが言っていることですよね。「自分を変えるのは悔しい」「できない」「難しい」と言って、そのままの自分でい続けると、せっかくの学びのチャンスを失ってしまいます。

そして、来世でもまた、同じことを繰り返し学ばなければならないのです。

あなたの中で大騒ぎしている「怒り」や「憤り」に、愛をかけて溶かしてください。相手を受け入れて許すことができるまで、心の傷を溶かしてください。

愛をいっぱい入れて、感謝する習慣を身につけていくことで、あなたのまわりは必ず変化していくはずです。

どんな自分も受け入れる

自分を責めたり、ダメ出しして、「こんな自分じゃダメだ」と長年自分を否定してきたのなら、「自分を愛する」ことはとても難しく感じるかもしれません。


そういう人に限って、「自分を愛しましょう」とお伝えすると、

「もっときちんとできるなら自分を愛せる」

「もう少しまともなら自分を愛せる」

など、自分が今よりまともになってからならと条件をつけます。


でも残念ながら、それでは自分を愛する日は永遠にやってきません。

自分を愛するのは、今この瞬間から始めたいのです。ダメなところばかりの自分をそのまま認めて、そのまま受け入れて、そういう自分を許して、愛したいのです。

自分にダメ出ししたくなる自分も、自分を責めたくなる自分も、向き合うことが怖い自分も、逃げ出したくなる自分も、人を見下してしまう自分も、卑下する自分も、ケチな自分も、人に冷たくなる自分も、ぜんぶ認めてしまいませんか。

ダメな自分を認めて受け入れると、ダメな自分を否定しなくなります。

「あ〜あ、またやっちゃった」と思っても、
「まぁ、仕方ないか」と受け入れて、

「次はこうしよう」と頭を次に切り替えましょう。

どんな自分も受け入れて、どんな自分も愛していけますように。

もっと楽しむ

目の前のことに力を尽くすことは大切です。

ただ、一歩間違えると「一生懸命やらなくちゃ」「もっともっと」と、だんだん自分を追い詰めてしまうことになります。

「一生懸命やらなくては」と思うときは、実はどこかしら怠けている自分や、きちんとできていない自分を自覚しています。それで、「もっとやらなくては」と自分で自分を追い詰めてしまうのです。

自分を追い詰めてしまうと、よほど根性のある人はともかく、たいていは義務感や責任感で荷が重くなり、ますます力を発揮することができなくなってしまいます。

何かをしていて、「もっとがんばらなくては」とつらく感じるなら、まずはそのことを楽しんでみようと思ってみましょう。

神様は、わたしたちの成長を望んでいらっしゃいますが、そのためにいつも苦しんでいてほしいと思っているわけではありません。究極的には、わたしたちにいつも喜んでいてほしいと思っています。

ですから、あなたが何かをしていてつらいと感じるなら、「これをもっと楽しんでやってみよう」と考えてみましょう。

すると、気分がガラッと変わり、取り組む姿勢が違ってくると思いますよ。

わたしたちは、もっと楽しんでいいのです。

何をするにも喜びと共にあれば、物事がよりスムーズに進んでいきます。

日々喜んで、楽しんで過ごしましょう。

おわりに

「魂の浄化」について知る前のわたしは、税理士の資格を持ち、外資系企業で働き、まわりには順調にキャリアアップを図っているように見えたかもしれませんが、実は将来への不安がいっぱいで、「これでいいの?」と焦ってばかりでした。

でも、魂を覆う「想い」を溶かして魂を感じることで、不安から解放され、感謝の中で生きられるようになりました。

「魂の浄化」によって、わたし自身が大きく変わることができ、充実した毎日を送れていることを本当にありがたく思っております。

「魂の浄化」をしていると言うと、「いったいどんなことをしているの?」と聞かれますが、この本がその答えになってくれるのではと思います。

ひとりでも多くの方々が、この本を通して「魂の浄化」への第一歩を踏み出し、魂を輝かせることで、困難の多い人生を少しでも平安に過ごしていただけたらうれしいです。

毎日のセッションを通して多くの人の苦しみを知り、みんながもっと楽に生きていけるようにと願いながら「魂の浄化」のヒントを日々書きつづっていたブログと、『寺子屋塾』というＷｅｂマガジンでの連載が、マイナビの蓮見紗穂さんの目にとまり、この本を出版する運びとなりました。

この本を書くにあたり、蓮見さんには、編集のプロの目線でいろいろと適切なアドバイスをいただきました。お陰さまで、はじめて「魂の浄化」に触れる方々にもわかりやすく読んでいただけるものになったと思っております。

蓮見さんには大変お世話になり、感謝の気持ちでいっぱいです。

また、原稿を読んでアドバイスをくれた、ソウル・セラピストの白石秀子さん、同じくソウル・セラピストであり、母である上田喜久子、そして妹の上田真優には、本当にお世話になりました。ありがとうございました。

この本を読んでくださった方が、魂を覆う「想い」を溶かして魂を輝かせ、魂に導かれて日々イキイキと過ごしていけるようになることを祈っております。

愛と感謝を込めて。

二〇一〇年一月

上田佳穂

新版化に寄せて

十年以上前に書いた本が、この度新版化の機会をいただくことができましたこと、大変ありがたく思います。

今では当たり前のようになっている「自分を愛する」ことや「自分を大切にする」ことは、当時はそれほど知られておらず、本を出すことで少しでも広がればと願っていたことを思うと、年月の流れを感じます。

この新版では、自分を愛することや人を許すことについて、よりわかりやすさを心がけて、新たに加筆修正しました。

以前手に取っていただいた方にも、初めて手に取っていただいた方にも、魂の浄化がよりわかりやすく伝わる本になりましたら幸いです。

「魂を浄化するソウル・セラピー」を手に取ってくださった皆様に、そして、新版化の声をかけてくださったマイナビ出版の清水真衣様に、心より感謝申し上げます。

ブログやインスタグラムを読んでくださる皆様、そしてセッションや講座を受けてくださる皆様のお陰で、こうして新版化の機会をいただくことができました。

本当にありがとうございます。

この本を読んでくださった皆様が、魂を浄化して、いつも魂を輝かせて日々を過ごしていかれますことをお祈り申し上げます。

愛と感謝を込めて。

二〇二四年十二月

上田佳穂

本書は、『魂を浄化する　ソウル・セラピー』（マイナビ文庫／２０１４年刊）を加筆修正したものです。

上田佳穂（うえだ かほ）

魂を浄化するソウル・セラピスト。

都市銀行・外資系会計事務所勤務を経て、税理士として独立後、
2003年に魂を浄化するスピリチュアル・ヒーラーとして活動開始。

会社員時代に、仕事に追われて寝る間も惜しむ毎日の中で、
「魂の浄化」と出会い、大いに癒され、人生に本質的変化が及ぶことを体験。
魂の状態が現実の人生に大きな影響を及ぼしていることを知り、
ひとりでも多くの人に日々の悩みや苦しみに潰されずに生き生きと人生を歩んでほしいと、ソウル・セラピー®の個人セッションや講座を行っている。
ブログやインスタグラムやメルマガで「魂の浄化」のヒントも発信している。

ソウル・セラピーHP
https://www.soul-therapy.jp/

ブログ「魂を浄化するスピリチュアル・ヒーリング」
https://ameblo.jp/soul-therapy/

マイナビ文庫

増補新版
魂を浄化する ソウル・セラピー
不安や迷いのない人生を手に入れる

2024年12月23日 初版第1刷発行

著 者 上田佳穂
発行者 角竹輝紀
発行所 株式会社マイナビ出版
〒101-0003 東京都千代田区一ツ橋2-6-3 一ツ橋ビル2F
TEL：0480-38-6872（注文専用ダイヤル）
TEL：03-3556-2731（販売部）／03-3556-2735（編集部）
E-mail：pc-books@mynavi.jp
URL：https://book.mynavi.jp

ブックデザイン 米谷テツヤ（PASS）
イラスト コイヌマユキ
印刷・製本 中央精版印刷株式会社

◎定価はカバーに記載してあります。
◎落丁本、乱丁本はお取り替えいたします。お問い合わせはTEL：0480-38-6872（注文専用ダイヤル）、または電子メール：sas@mynavi.jpまでお願いいたします。
◎内容に関するご質問は、編集3部2課までメールにてお問い合わせください。

ISBN978-4-8399-8690-2
Printed in Japan